¿QUIEN SE QUEDO CON EL NEGOCIO?
CREANDO TU PROPIO ESTILO

Isabelino Pérez Jiménez

copyright © 2021 Isabelino Pérez Jiménez
Todos los derechos reservados.
ISBN **9798467809243**

DEDICATORIA

Dedico este libro a quienes han confiado en mí, especialmente a mis hijos; Hugo Armando, Ana Isabel, Alejandro I. e Inohemí.

A mis apreciados hermanos Ricardo, Florinda, Dora María, Fernando, Ramón, Rosario, Vicente y José Antonio, de quienes he tenido su apoyo permanente y decidido.

A mis jóvenes estudiantes del Tecnologico Nacional de México campus Zona Olmeca de la Villa Ocuiltzapotlan, Centro, Tabasco, México, a quienes deseo que sea de utilidad y a la vez, sirva de manual, donde puedan animarse a emprender con lo que estoy seguro llegaran a consolidar su empendimiento de su producto o servicio que ofrezca su empresa, cada uno puede elegir las caracteristicas que vayan de acuerdo a su estilo y circunstancias.

A mis colegas que me han acompañado en la academia de Ingenieria de la Carrera en Desarrollo Comunitario del Tecnologico Nacional de México campus Zona Olmeca, MC. Pedro Salvador Morales, Ing. Miriam Gallegos González, MC. Lilia Fraire Sierra, Dra. María Isabel Saldaña y Hernández, Ing. Nemías Hernández Hernández, Ing. Francisco Javier Catzím Rojas, Ing. Jorge Alberto Vidal García, MC. María del Carmen León Avalos, Profra. Elia Inés Hernández Magaña.

A mis camaradas de softbol: MC. Carlos Mario Carrera Belueta, Ing. Roberto Calderon Cabrera, Ing. Omar Castro Castro, Ing. Sergio Alonso Hernandez Sanchez, Ing. Tomas Morales Esteban, Ing. Juan Francisco Evia Sosa, Ing. Roberto Gonzalez Evia, C. Pablo Abel Bayona de la O, MC. Hector Sandoval Villa.

Enlaces de Contacto con el

Maestro Isabelino Pérez Jiménez

Tecnologico Nacional de México campus Zona Olmeca

https://zolmeca.tecnm.mx/

isabelino.pj@zolmeca.tecnm.mx

https://web.facebook.com/isabelino.pj

isabelinoperezjimenez@gmail.com

https://twitter.com/QuintaPilares?s=09

https://web.facebook.com/Emprendamos-juntos-111791984003998

https://www.instagram.com/departamentosvhsa/

Mtro. Isabelino Pérez Jiménez

isabelinoperezjimenez@gmail.com

Contacto para mensajes : 993 207 39

INDICE

Introducción   8

PRIMERA PARTE
Soñar no cuesta nada, apasionarse menos
   ¿Soy un soñador?
   ¿Ser soñador es bueno?
   ¿Puedo ser un soñador?
   Emprender y soñar
   Ser apasionado
   Pasión emprendida

SEGUNDA PARTE
Creando una doctrina
   ¿Cómo ser disciplinado?
   Ser perseverante
   ¿Cómo ser perseverante?
   ¿Soy terco o perseverante?
   Terquedad *versus* perseverancia
   ¿Cómo puedo ser perseverante sin ser considerado terco?
   Disciplina y perseverancia, actitudes de todo emprendedor exitoso

TERCERA PARTE
Haciendo amigos
   ¿Cómo puedo hacer amigos?
   Amigos y emprendimiento
   Negocios y amigos
   Importancia de las amistades en el emprendimiento

CUARTA PARTE
Diseñando un estilo
   ¿Cómo desarrollar la creatividad?
   Creatividad y emprendimiento, la receta del éxito

QUINTA PARTE
Construyendo una aspiracion
   Ser ambicioso
   Ambición y emprendimiento

SEXTA PARTE
Autocontrol, una opcion.
   Paciencia

Quien se quedo con el negocio
   ¿Cómo ser paciente?
   Tolerancia
   ¿Cómo ser tolerante?
   Paciencia y tolerancia, dos virtudes necesarias para emprender

SEPTIMA PARTE
Haciendo un escenario original
   ¿Cómo estar motivado?
   ¿Cómo mantener la motivación del emprendimiento?
   ¿Cómo ser un líder?
   Motivación, liderazgo y emprendimiento

ALGUNOS *TIPS* EN EL EMPRENDIMIENTO

BIBLIOGRAFÍA

INTRODUCCIÓN

Este ejemplar va dedicado al lector que busca en mi libro las recomendaciones necesarias para ser no solo un emprendedor, sino el mejor. No cabe duda de que el emprendimiento debería ser una materia fundamental en nuestros programas de estudios, pues así se formarían ciudadanos creativos, capaces de llevar a cabo grandes proyectos, motivados por una ética y un sentido de bienestar común. Aunado a esto formaríamos personas fuertes e inteligentes emocionalmente y con capacidades y actitudes positivas, aunque esto suene a utopía. Sin embargo, no por esto queremos decir que nos decantamos por una sociedad materialista, antes bien queremos incentivar el surgimiento de sociedades autosuficientes y progresistas. Ser emprendedor no tiene que ver solo con crear empresas impulsivamente, ante bien tiene que ver con una preparación ética y moral que apunta hacia el bien común para todos los habitantes del mundo, en la búsqueda del progreso social. Muchas son las escuelas de emprendimiento que existen en el mundo, pero la mayor parte están en los Estados Unidos de Norteamérica. ¿Será este el origen del sueño americano? No tenemos respuesta certera ante esta pregunta, pero no cabe duda de que son muchas las oportunidades de empleo que ofrece esta nación dado su modelo económico que incentiva la creación de empresas reconocidas por calidad, productividad y competencia. Este parece ser el motivo por el que muchos latinos migran hacia estas tierras. No obstante, cabe señalar que esas mismas oportunidades pueden surgir en Latinoamérica. Pese a todas las dificultades, muchos son los países de la región que tratan de llevar una economía sana y sustentable para sus habitantes. Sin embargo, la mayoría de personas carecen de conocimientos para saber impulsar sus sueños y crear empresas o proyectos que muevan la economía del conjunto. Ese es el motivo que nos conduce a crear esta guía para ser un mejor emprendedor. Creo que todos podemos emprender desde nuestras perspectivas y deseos. Un emprendimiento bien encausado busca no solo una satisfacción personal sino alcanzar el bien común.

Mi propuesta es sencilla, la llamé ¿Quien se quedo con el negocio? A lo largo de las páginas estos *parrafos*, que como sabemos son sugerencias, se nos presentarán por capítulos. Estos capítulos tienen una secuencia que cuenta una historia que culmina con la concepción del emprendedor ideal. Mucho de los consejos aquí expuestos pueden parecer redundantes a otros ya planteados, pues en mis exhaustivas investigaciones y lecturas logré encontrar un sinfín de información que me aconsejaban sobre cómo emprender. Sin embargo, a salvedad de lo aquí expuesto, estos consejos son visto desde un punto diferente, hago remembranzas a las grandes personalidades del pasado y mi enfoque es totalmente ético; considerando que un emprendedor no puede ser menos que un ser lleno de virtudes. Busco, con esta humilde intención,

Quien se quedo con el negocio

motivar y guiar a aquellas personas que decidieron emprender por amor propio y por el amor hacia sus semejantes en una sociedad que sufre una profunda crisis de valores. Son siete los consejos aquí expuestos, como siete eran los sabios de Tebas que legaron tantas enseñanzas a la humanidad. Quiero señalar que algunos de los *tips* son nombrados en duplas, puesto que estos pares solo pueden ser consecuencia de la afinidad que los une. La dinámica del libro va de una introducción en cada capítulo donde explicamos el porqué de la selección de este consejo, seguido de sugerencias, que se resaltan en letras negritas, para llegar a consolidar la recomendación. Considero que las negritas nos ayudan a conservar en nuestra memoria aquello que es clave, por lo tanto, los *tips* estarán marcados de esta forma a lo largo del texto. Me entusiasma saber que hay personas que desean siempre ser mejores pese a todo, sé que muchos desean emprender en busca de libertad, la libertad que obtenemos cuando tenemos autonomía espiritual y económica. Siempre digo que si queremos alcanzar esta libertad debemos poner a trabajar la creatividad. Te invito a examinar y reflexionar seriamente con la lectura de estas páginas para que te conviertas en el mejor emprendedor.

CAPÍTULO I
Soñar no cuesta nada y apasionarse menos

¿Soy un soñador?

Todos somos soñadores. No cabe duda de que desde muy pequeños estamos sumergidos en el mundo de la imaginación. Nuestros primeros juegos son sueños despiertos, donde lo simbólico recubre nuestras proyecciones ilusorias. Jugamos a cuidar a nuestro osito de peluche, a ser astronautas, médicos, cocineros, aviadores, escritores, etc. Creamos realidades y fantaseamos con un sinfín de posibilidades imaginativas. Este es un proceso innato al ser humano, considerado parte del desarrollo del pensamiento figurado, fundamental en el aprendizaje y, sobre todo, en la posibilidad de transformar y cambiar nuestra realidad por una que se proyecta desde un universo en principio inexistente, pero que puede llegar a tomar forma desde la persistencia de nuestro imaginario. Imaginar también nos da la capacidad de formular un cúmulo de ideas y de representar situaciones de conflictos que se resuelven similares a las circunstancias de la vida real.

El ser humano puede visualizar diferentes realidades que potencian su capacidad de creación y lo conducen a la invención de proyectos. No cabe duda, tal como lo dijo el filósofo Platón, de que todas las cosas del mundo sensible estuvieron primero en la mente como una idea, bien sea como un sueño o como un recuerdo, y luego esta se hizo sensible, es decir, se materializó. Pensemos en cualquier invento, el avión, por ejemplo. La idea de volar es una forma de aspirar a la mayor de las libertades, a la independencia, a la contemplación absoluta desde la altura y la posibilidad de un mayor acercamiento a lo divino. Ya desde la Antigüedad el hombre tenía en su pensamiento que podía volar. Una de las primeras anécdotas sobre el vuelo humano está atestiguada en el fantástico mito griego de Dédalo e Ícaro, quienes construyeron unas alas de cera para alzarse en vuelo. Ya, en el siglo s. IV a. C, Arquitas de Tarento, filósofo y matemático griego, inspirado su ingenio en el mito, construyó el primer objeto volador, una paloma mecánica, símbolo de nuestra afición por conquistar el espacio aéreo. Muchos siglos después, el gran inventor renacentista Leonardo Da Vinci fue el precursor del vuelo humano y procuró materializar el mito de Dédalo e Ícaro al idear una máquina de volar adaptada al hombre. Es así como, a partir de una historia fantástica y tras largos siglos e intentos perseverantes del ingenio del hombre, se consolidó la idea del vuelo humano en el siglo XX. Muchas personas consideran que abstraerse en imaginarios puede ser una pérdida de tiempo, muy cercana a la locura, pero como vimos, imaginar y **fantasear está muy cerca de aquello que se puede plasmar en la realidad**. El límite está en la imaginación, pero como vemos esta no tiene límites.

Hay que tener en cuenta que una persona soñadora puede ser considerada ilusa y desfasada de la realidad y esto puede ser totalmente cierto. Nuestra imaginación crea momentos de placer que nos mantienen muchas veces alejados de las circunstancias que no son tan agradables. Parece elemental imaginar y tener sueños, pero siempre debemos hacerlo en una justa medida. Si los pensamientos productos de nuestra imaginación tienen un término adecuado podrán transformarse de abstracciones en realidades. En cambio, si nos dejamos llevar por la fantasía y el placer de la recreación y no buscamos materializar lo que recreamos en la mente es probable que los sueños solo sean ilusiones y no podamos salir de ellos. Entonces diríamos frustrados como en aquel verso de Pedro Calderón de La Barca, que "la vida solo es sueño y los sueños, sueños son"

¿Ser soñador es bueno?

- **Una mente creativa es una mente sana.** Las personas que tienen capacidades imaginativas tienen más posibilidades de creación. Es importante que la imaginación sea fomentada, esto se alcanza en buena medida, aunque no exclusivamente, a través del descanso y del placer. Desde niños estamos inducidos a jugar por placer y es en ese momento donde nuestra mente comienza a generar ideas. Estas teorías de aprendizaje a través del pensamiento imaginario están respaldadas en los estudios del pedagogo Jean Piaget en su libro *La Formación del símbolo en el niño: imitación, juego y sueño, imagen y representación* (1959). Por otra parte, podemos tener la certeza de que el tener una mente creativa va de la mano de una memoria prodigiosa. Nuestra mente tiene la capacidad de recordar situaciones inconexas para tener resoluciones nuevas, esto lo podemos comprobar si al momento de leer un artículo sobre cualquier tema recordamos alguna lectura anterior o vivencia y, a partir de ahí, elaboramos un tema nuevo.

- **Recrear situaciones en la imaginación nos ayuda a planear la realidad**. En nuestra mente las ideas que pensamos tienen un proceso paulatino que llega a un producto final. Por ejemplo, una persona puede soñar que se casará con alguien bueno, tendrá una gran familia, sus hijos estudiarán grandes carreras y destacarán. Todo esto ocurre en una línea de tiempo que se debe cumplir; conocer a alguien, casarse, tener hijos, formar un hogar. Es así como en **nuestras fantasías siguen un plan y buscan un objetivo final**: la felicidad, tal como lo hacemos en la vida real. Sin embargo, la línea entre fantasía y realidad algunas veces tiende a desdibujarse, creemos ser felices solo con la imaginación mientras la vida real pasa y nos atropella, por esto es importante no permanecer en los sueños, sino despertar y emprenderlos. Los sueños deben ser tu guía y convertirlos en planes reales, ese es el objetivo. **Ser soñador es bueno solo si emprendes tus visiones.**

¿Puedo ser un soñador?

De adultos suele suceder que las ocupaciones, el trabajo y el estrés del día a día nos alejan de la imaginación y nos sumergen en una cotidianidad que parece ser una celda sin más escapatoria. Si se te ocurre una idea, un anhelo de tu pensamiento, emprender una empresa, desarrollar una aplicación, crear una máquina o escribir una novela, no faltará quien te trate de iluso y diga que aquello no es posible porque tu entorno es otro. Estos restrictivos del día a día y los comentarios negativos a lo mejor tengan dormida tu imaginación y te hagan conformarte con lo que vives a diario. En lugar de rodearte del pensamiento de que eres un iluso nada más, es recomendable mantener activa la creatividad. Por eso te daremos unos *tips* para que fomentes tu imaginación y mantengas activos tus sueños:

Dedica tiempo para la recreación. Es fundamental que demos rienda a nuestra imaginación a través del ejercicio, esto nos liberará del estrés diario y oxigenará nuestra mente, de modo que será una mente activa y fresca para la invención. Debemos, por otra parte, dedicarnos a la lectura de temas varios, sumergirnos en otras realidades fantásticas, misteriosas, suspenso, etc. Esto permitirá que abramos nuestra mente a otras perspectivas y que la imaginación sea más prolífera. Asimismo, ver películas nos dará un sentido estético por la vida, lo que hagamos de ahora en adelante será visto a través de un lente, nuestra perspectiva de la vida alcanzará un gusto estético que nos motivará a emprender desde lo bello. Es decir, aquello que tiene que ver con un orden y un buen gusto. Escuchar música variada nos animará y estaremos más motivados para emprender y por supuesto debemos contemplar la naturaleza, esto nos relajará y estaremos más en contacto con nuestro entorno, lo que hará que nuestra mente tenga ingenio en la medida que se ajusta a lo natural. Si seguimos estos consejos sacaremos a nuestra mente de la monotonía y la reactivaremos.

No hagas caso a las desaprobaciones. El rechazo puede llevarnos por caminos sinuosos y las fantasías se pueden transformar en frenesíes por no tener el aliento y aprecio necesario. Una frustración nos hará infeliz. Si no nos atrevemos a emprender nuestros sueños podemos estar destinados a una vida conforme a las necesidades de los demás. Evitemos hacer caso a comentarios que nos desanimen. Muchos comentarios desalentadores surgen desde la ignorancia. Sabemos que es imposible evitarlos, pero podemos manejar nuestra actitud ante ellos. En lugar de desanimarnos, miremos los comentarios con criterio y hagamos de ellos claves para nuestro emprendimiento. A lo mejor de un comentario podemos sacar conclusiones que nos harán conducirnos de mejor forma por nuestro camino a emprender.

Es importante tener inteligencia emocional. Saber controlar nuestras emociones es fundamental si queremos desenvolvernos de forma elocuente en cualquier ámbito. Debemos tener inteligencia emocional para mantener activos nuestros sueños sin que estos se vean afectados por las circunstancias que puedan acontecer. Con esto queremos decir que, si anhelamos crear una marca de ropa, no nos dejaremos llevar por las pasiones. Haremos todo desde la razón, sentiremos pasión por nuestro proyecto, pero con cordura. Analizaremos todo mercado, ofertas, créditos, etc. lo llevaremos a cabo con inteligencia, sin dejarnos arrastrar por emociones. Una desaprobación no puede hacer que encerremos nuestros sueños en un baúl con llave.

Alcanza tus sueños de acuerdo a sus posibilidades. Para lograr nuestros sueños debemos poner cartas en el asunto y determinar cuáles son las posibilidades que tenemos y cómo podemos emprenderlos. Debemos poner los pies sobre la tierra, un sueño requiere más que ganas para iniciarse, por este motivo debemos mirar nuestro bolsillo y ver como, a partir de nuestras limitaciones, podemos darle forma a nuestro proyecto. Puede que no contemos con mucho capital para iniciar, pero se puede iniciar con poco, en principio buscando financiamiento y analizando posibles mercados, ventajas y desventajas. Si nuestro sueño es algo desmedido, es probable que nos dirijamos al fracaso. Sin embargo, esto no quiere decir que no aspiremos a grandes cosas, antes bien todo lo podemos alcanzar, siempre y cuando lo hagamos consciente de nuestras posibilidades. Si planteamos nuestros sueños de acuerdo a la realidad, hay más probabilidades de que estos sean alcanzados con éxito.

Emprender y soñar

Ser emprendedor equivale a ser soñador. Como explicamos, a nadie se le ocurriría nada si no hubiese estado primero en su imaginación. Aunque ser emprendedor está asociado a una mente racional que calcula y se maneja con cifras, su emprendimiento no deja de ser un sueño. Para que un soñador sea emprendedor debe tener **inteligencia emocional** y aprovechar al máximo las capacidades que ofrece tener una mente creatividad. **El emprendedor ajusta su imaginario a la realidad**. Quien es soñador y hacedor de lo que sueña es por tanto un emprendedor; no se caracteriza por sentir temor. Es por demás sabido que la vida es impredecible y experimenta altas y bajas. Imaginemos por un momento que estás trabajando en tu cotidianidad en la empresa de tu jefe, te dedicas al máximo a tu trabajo, sin embargo, hay reducción de personal en la empresa y te despiden, los temores se apoderan de ti y piensas en el rumbo que tomará tu vida. luego te atreves y pruebas llevar a cabo lo que soñaste, haces planes y te dedicas a ellos con la misma energía que te consagrabas a tu trabajo, de un momento a otro estás en el lugar que querías estar y empiezas a trabajar por ti y a emprender tus ideas y te das cuenta de que tus sueños son posibles y que los cambios son para bien si los conduces con optimismo e inteligencia. Un emprendedor no teme a los cambios. Cuando estos ocurren, el emprendedor pone a producir su imaginación, crea situaciones nuevas y satisfactorias para su bien. A veces pensamos que estamos limitados por nuestra condición económica o social, pero soñar nos hace ver que las limitantes están en nuestra mente. **Ser un soñador te permite planificar y ver con claridad tu objetivo**. No dejes que los comentarios de terceros arruinen tus visiones, recuerda que las palabras que dices o las cosas que decretas tienen poder sobre la realidad. Así como lo expresa el evangelio de Juan: "En principio era el verbo y el verbo estaba con Dios y Dios era el verbo", todo lo que existe y vemos se formó por la palabra de Dios, por el verbo. Así que nuestras realidades se forman y transforman por la palabra. La magia de las palabras está en todo, cuande todo lo que es, lo que puede ser y hasta lo que no es. La palabra es como un manto que recubre las cosas y les da forma y sustancia. Debemos tener palabras positivas para crear realidades positivas. Recuerda que lo que, en épocas pasadas, como aviones, computadoras, teléfonos móviles, era considerado producto de la ficción hoy son realidades tangibles. Como humanos tenemos la capacidad de soñar, pero también la capacidad de convertir esos sueños en una realidad. Así que no temas y con creatividad e inteligencia emprende tus sueños.

Ser apasionado

La pasión es la clave del éxito si deseamos emprender. Se entiende por pasión a una emoción muy intensa que se siente hacia una idea, persona o cosa y si hablamos de un ser apasionado esto apunta a una persona que tiene emoción intrínseca por la vida. Aquella persona que siente pasión hace de una actividad, idea o causa el motivo de su existencia.

No cabe duda de que todo emprendedor tiene una pasión que lo mueve. Nada puede obtenerse si no hay un ímpetu que medie en su alcance. Lo contrario a la pasión es la apatía y esta solo puede acarrear desilusión y fracaso. Si tenemos un proyecto debemos llevarlo a cabo con entusiasmo. Hay que amar lo que se hace y sobre todo creer en lo que se proyecta. Es necesario trabajar duro para alcanzarlo y puesto que nuestra meta está movida por una profunda pasión, esto será todo un placer. Para alcanzar el éxito de nuestros proyectos, requerimos de un trabajo constante, de horas de más para alcanzarlo, que se vuelven satisfactorias cuando logramos nuestro objetivo.

Sin embargo, no solo basta con sentir una profunda pasión por lo que hacemos, sino que hay que moldearla y esto requiere de conocimientos. Acá te diremos como actúa un emprendedor apasionado:

Una persona que siente una gran pasión hacia algo trata de **saber todo sobre el tema que le enardece, estudia, lee y aprende de personas más experimentadas** en el área que desea incursionar. **Un apasionado no es conformista**, por eso sabe que no todo está aprendido y desea siempre conocer más sobre el tema que le apasiona. Ahora bien, una persona apasionada puede ser tomada como una persona impulsiva y aunque la pasión funciona de esta forma esto debe ser mediado. **Un apasionado es organizado con su pasión, por eso tiene pequeñas metas que lo hacen alcanzar su proyecto final.** Resulta positivo que estos pequeños **proyectos sean trazados y escritos en función de ser cumplidos** para que no pierda su horizonte y sus ideas se transformen en ideas vagas. Ahora bien, **tener una rutina** es una característica de una persona emprendedora y apasionada. **Quien es apasionado lo es en todos los aspectos de su vida y esta es la clave de su éxito**, la pasión no solo abarca su área de trabajo, sino que abarca todo aquello que es importante entorno a su existencia. Es apasionado con su familia, con lo que come, con su cuerpo y todo esto es reflejo positivo para lo que desea alcanzar. Es por ello que podemos ver en entrevistas hechas a los emprendedores que su ritmo de vida comienza muy temprano, se ejercitan, comparten tiempo con su familia y amigos, para luego volcarse de cabeza en sus proyectos y es que la clave del éxito está en el entusiasmo y en el aprovechamiento que le damos a la vida. **Tu pasión debe sobrepasarte, es lo más importante** y eso se trasmite, que **tu pasión no sea útil solo para ti sino para los demás. Debes promoverla**, pero no en el sentido del hastío sino para dar a conocer por qué te apasiona y por qué esta pasión es buena para todos. **Ser apasionado revela un alto grado de empatía**, si soy apasionado es porque siento y si siento puedo ponerme en el lugar de los otros. Muchos de los emprendedores lo son porque sienten y saben qué es lo que quieren lo demás y hacia ellos dirige su emprendimiento.

Pasión emprendida

Todo emprendimiento debe ser iniciado con pasión, pero no con una pasión desmedida y ofuscada, sino con una pasión disciplinada. Un emprendedor apasionado cumple ciertas características que lo diferencia de alguien desmedido y falto de cordura. En primer lugar, **aquella persona que emprende lo hace motivado por una emoción** y esto lo conduce a llevar con confianza su proyecto y a buscar las soluciones necesarias para culminarlo con éxito. **Para ser emprendedor es fundamental ser una persona optimista, las quejas y las palabras negativas no van con él.** Es imposible que puedas emprender si solo te quejas, las personas que se quejan a menudo no ven el lado positivo de las cosas, sino que se cierran en su negatividad y es realmente difícil que surjan del abismo donde se han metido. Nunca escucharás a un emprendedor quejarse, su pasión está determinada por la intensidad con la que vive y sabe que por muy difícil que se puedan tornar las cosas existen soluciones posibles. Como ya lo señalamos, **una persona apasionada es una persona temeraria** y nada hay que le puede hacer pensar lo contrario, es seguro y arriesgado en su proyecto porque lo mueve la certeza lógica de que su proyecto va por el camino correcto. **Un emprendedor apasionado se arriesga porque antes conoce muy bien el camino que transita**. Ya lo dijimos, es un apasionado, lee, estudia y habla con personas experimentadas que enriquezcan su conocimiento, no es una persona que se conforma, tiene inquietudes y disposición para resolverlas. Asimismo, **el emprendedor no se distrae con nimiedades; la pasión por su trabajo está enfocada**. El emprendedor no repara en escuchar comentarios negativos ni llenos de odio, a él no le interesa los chismes ni nada que esté por fuera de proyecto. Es una persona orientada y su tiempo y energía está dirigida hacia lo que le apasiona. Así, bloquea personas y situaciones eventuales que tengan que ver con aspectos negativos, no da cabida a las dudas, odios, rencores y malas intenciones. **El emprendedor está motivado a ser siempre mejor y para eso también refleja su humildad**. Sabe que es humano y que nada de lo humano puede ser perfecto, por lo que asume sus errores y aprende de ellos, no se enfrasca en justificarlos, sino que lo toma como lecciones para no volver a cometerlos. **El emprendedor apasionado trata de extender su conocimiento y busca la manera de ser un guía para los demás**, para ello se prepara lo mejor posible, siempre curioso y motivado por cuenta propia a acceder a más conocimientos. Puedes que seas dueño de una empresa que produce y distribuye jamones, pero debes conocer todo sobre la preparación de los jamones y su calidad. Esto te diferenciará de aquel que solo se limita a distribuirlos y ya, porque buscas la perfección y la calidad de lo que distribuyes y tú, líder del emprendimiento, eres el control de calidad.

En la actualidad, las redes sociales mueven el mundo de forma vertiginosa y, aunque es una sentencia extrema, si algo no está en las redes, no existe. En inglés es conocido el aforismo *publish or perish,* publicar o perecer, que hace referencia a que lo que no se muestra es como si no existiera. **El emprendedor apasionado promueve por las diferentes redes sociales su pasión sin caer en la pedantería.** Esto es realmente motivante, muchas personas se contagiarán con tu pasión y a través de un *like* se crea una emoción generalizada. Debes estar orgulloso de ser un emprendedor apasionado y hacer sacrificios, pero en su justa medida, recuerda que debes vivir el presente y es fundamental que tu pasión abarque todos los ámbitos de tu vida. **Ser emprendedor es un modo de vida. Apasiónate con tu proyecto, sé determinante y emprende tus sueños.**

Mira estas consideraciones:

- Piensa en grande.
- Haz planes a futuro.
- Motiva tu creatividad.
- Procura tu salud mental.
- Fortalece tu inteligencia emocional.
- Aprende todo lo que puedas sobre tu pasión.
- Obtén el consejo y la opinión de otras personas en tu campo.
- Establece objetivos y cúmplelos.
- Adopta una posición.
- Comparte tu pasión.
- Aprende de tus errores.
- Sigue trabajando duro cuando enfrentes el rechazo.
- Siente emoción.
- Sé positivo.
- Sé valiente.
- Siente miedo.
- Te invito a fallar.
- Concéntrate.
- Motívate para ser mejor.
- Sé curioso.
- Conviértete en un mentor.
- Haz pequeños sacrificios.
- Aprende a encontrar un balance en tu vida.
- Vive en el presente todo lo que puedas.
- Enorgullécete de ti mismo por tu dedicación.
- Levántese temprano.
- Simplifica.
- Evita «No tengo tiempo»
- Realiza Actividad Física.
- Practica Diariamente.

Quien se quedo con el negocio

- Practica gratitud.
- Crear y mantener un Blog.
- Escucha la música que te pone en marcha.
- No te preocupes de lo que otros digan o piensen: tú tienes tu propio objetivo.
- Haz algo para alguien (por ejemplo, un desayuno rápido o un café), incluso si es algo pequeño, verás la flama de tu pasión alumbrar su día.
- Mira películas que te inspiren, lee libros o revistas de apoyo.
- Nunca abandones a los que están de tu lado, ellos son las personas con las que puedes contar cuando atravieses momentos duros.
- Siéntete bien y deshazte de la computadora, de la televisión y del teléfono celular, aunque sea por una hora y sal a caminar al parque, al bosque o a cualquier lugar. Tu cerebro necesita refrescarse y prepararse para que una nueva pasión emerja de la naturaleza, no de la computadora. Los lugares tranquilos o los que están al aire libre son muy inspiradores.
- Se proactivo es igual a una nueva sensación de pasión.
- No temas apartarte por un momento de otras personas. Es bueno estar solo algunas veces para que tu independencia crezca y para recargar las baterías.
- No pierdas la calma para clarificar lo que quieres decir. Solo di lo que piensas con voz clara.
- Recuerda que los que parecen tener todo en contra terminan siendo los más exitosos.

CAPITULO II
Creando una doctrina

Con toda certeza, debemos ser disciplinados y perseverantes para conquistar cualquier meta que nos propongamos, es por ello que un emprendedor nato debe poseer ambas cualidades. Ser disciplinado es una actitud indispensable para afrontar cualquier proyecto planteado y sin duda un trampolín que nos impulsará a alcanzar con éxito nuestras ambiciones. Ahora bien, es probable que muchos tengamos una idea muy vaga en nuestra mente sobre qué es la disciplina. Sin embargo, bien valdría la pena desarrollar un pensamiento más preciso acerca de ella, si nuestra intención es emprender.

La disciplina se define como aquel conjunto de normas o reglas cuyo cumplimiento constante nos conduce a cierto resultado. Sin embargo, de qué tipo de disciplina hablamos, esto es lo que realmente aclararemos. Existen varios tipos de disciplina, entre estas tenemos: la disciplina que recibimos cuando somos niños, la disciplina escolar y las disciplinas que se llegan a practicar (por ejemplo, artes marciales o ciencias). Pero el concepto que queremos destacar es aquel denominado como **disciplina personal o autodisciplina**. Entendemos esta como la capacidad de poseer una serie de principios de orden y constancia con fines a mejorar y alcanzar nuestros sueños. Abocados en este concepto, podemos decir que esta sería una actitud para controlar todos aquellos impulsos que nos distraen, que apartan de nuestra vista y de nuestra mente el objetivo que pretendemos alcanzar. Si logramos controlar algunos aspectos del espacio que nos rodea, será más fácil conquistar todo lo que nos propongamos.

Ahora bien, según lo mencionado, puede que pienses que no eres una persona disciplinada. Sin embargo, no hay de que preocuparse, ninguno de nosotros nace disciplinado por eso te daremos unos *tips* para llegar a serlo y alcanzar el éxito en lo que te propongas.

¿Cómo ser disciplinado?

Tal cual todas las cosas, ser disciplinado requiere como principio la voluntad. Lógicamente, no podemos ser disciplinados si antes no tenemos intención de serlos. Asimismo, es importante la aceptación del yo. Esto quiere decir que debemos profundizar acerca de quiénes somos y cómo podemos ser mejores. Aquí te explicamos el fundamento de estos principios para ser disciplinados:

Reconocer en qué aspectos no somos disciplinados. Si piensas que no eres disciplinado en algún aspecto de tu vida, acabas de dar en el clavo. Reconocer la falta de disciplina es el primer paso que tienes que dar para hacer los cambios necesarios. Ahora bien, lo primero para mejorar es saber en qué estamos mal y aunque es muy difícil reconocer que se está equivocado, puesto que a todos nos gusta tener la razón, algo muy natural del comportamiento humano, es característico de un emprendedor reconocer en qué se equivoca y mejorarlo.

Ser conscientes de nuestras debilidades. En este apartado cae como anillo al dedo la frase motivacional popularizada por Willian Gallas: "trabaja en tus debilidades hasta que las conviertas en tus fortalezas". Esto quiere decir que no importa lo mucho que se nos ponga cuesta arriba emprender algo, si nos enfocamos en trabajar por superar las adversidades haremos la gran diferencia. Es fundamental reconocer las debilidades y anotarlas para tenerlas presentes. No cabe duda de que todos tenemos malos hábitos. Estos pueden ser leves, como distraerse con el celular y las redes sociales, y más graves, como postergar todo hasta el último momento por ver algún programa de televisión o jugar. Si alguna de estas actitudes viciosas está presente en tu día a día, debes entonces tomar cartas en el asunto y evitar hacer lo que te aleja del éxito. Hazle frente a las adversidades y supérate a ti mismo. No evadas tus responsabilidades y afronta las dificultades.

Tener una razón para ser disciplinados. Con certeza, cuando tenemos un motivo que nos impulsa a ser mejores somos más persistentes y todo lo que hagamos se torna como una labor agradable. El escritor y motivador inglés, Simón Sinek (2009), en su libro *"Start with why: How great leaders inspire everyone to take action"*, afirma que lo primordial para alcanzar nuestros objetivos es tener bien definido el "porqué" decidimos hacerlo. Asimismo, para él tiene más relevancia el "cómo" lo haremos y, por supuesto, el objetivo intrínseco, el "qué" haremos. Cuando tenemos clara esa "razón" se hará más fácil llevar con éxito cualquier proyecto que decidamos emprender. También resultará muy difícil que podamos desanimarnos.

Piensa en todas las cosas buenas que te traerá ser disciplinado. Ser optimista es una cualidad natural de un emprendedor. Es importante que pienses e imagines todas las cosas buenas que obtendrás de ser disciplinado: orden, claridad, aprendizaje, seguridad, confianza etc. Conocer las cosas buenas que trae consigo ser disciplinados nos mantendrá motivados y evitará que nos desviemos de nuestra ruta hacia el éxito.

Crea una rutina o cambia la que ya tienes. Te proponemos cambiar tu rutina diaria. Sabemos que es difícil, pero esto no significa imposible. Solo debemos poner de nuestra parte si queremos cambiar. Puedes comenzar por hacer más productivo tu día y aprovechar cada momento. Levántate a las 5.00 am, haz ejercicio; esto incrementará tu energía y elevará tus niveles de serotonina para combatir el estrés y la ansiedad, desayuna, almuerza y cena a una hora adecuada, acuéstate temprano; repite esta rutina y grábala en ti. Puede que sea un poco difícil adaptarse, pero recuerda que todo es un proceso y debes tener paciencia y **perseverancia** para lograr con éxito cualquier cambio. Recuerda que lo haces por tu bienestar y el de los tuyos. Ánimo.

Ataca tus excusas con otras excusas. Como dice el dicho "combate fuego con fuego", pues de la misma manera debemos combatir las excusas. Siempre que nos planteamos hacer algo surge una excusa para que evitemos hacerlo, pero debemos evadirla. Por ejemplo "iba a correr, pero está lloviendo" mejor dí "me pondré una chaqueta y saldré a correr". Deja de ponerte trabas para no avanzar, eso es autosabotaje. Si ves un obstáculo no te detengas y busca la manera de superarlo.

Proponte metas específicas, visualízalas y divídelas en fracciones. Si queremos comenzar a tener disciplina en nuestra vida, es preciso organizarnos. Debemos plantear los objetivos que queremos lograr, ya sean metas diarias, semanales, mensuales o anuales; visualicemos estas metas e imaginemos cómo nos sentiremos al terminarlas, así como lo beneficios que nos traerá cumplirlas. Sin embargo, plantear estas metas no será suficiente, tenemos que gestionar los pasos que debemos dar para lograrlas. Así que crea un plan de ejecución y divide tu proyecto en pequeñas metas, cuando cumplas cada paso, por pequeño que sea el avance, te sentirás motivado a seguir. Si quieres hacer un libro, no te presiones ni pienses que lo puedes hacer de la noche a la mañana, proponte realizar cinco páginas diarias y cuando te des cuenta ya tendrás el libro completo en tus manos.

Trata de evitar lo más que puedas las tentaciones. Supongamos que nuestra meta es adelgazar, pero en casa preparamos semanalmente un pastel de chocolate, de seguro escucharemos una voz en la cabeza que nos dice "vamos es solo un pedacito, no hará daño, es solo un poco". ¿Qué ocurre? Nos tentamos con facilidad. Ese dulce pastel no es más que una tentación (tú mismo), por decirlo de alguna manera, que trata de convencerte de que te falles y tomes un desvió del plan. Desde luego, no es fácil evitar las tentaciones, estas se han arraigado en nosotros por el tiempo y la costumbre. Sin embargo, hay que tener fuerza de voluntad y saber que estas tentaciones (tú mismo) solo quieren desviarte del camino que tratas de seguir. Si logras dominar tus pasiones, habrás dado un gran paso para ser más disciplinado y alcanzar tus proyectos.

Cuando logres avanzar en tus metas date un incentivo, ¡prémiate! Debemos saber que para avanzar es importante exigirse y ser estricto con lo que se hace. Sin embargo, tampoco debemos ser tan inflexibles. Si vemos que hemos avanzado en nuestros propósitos, podemos darnos incentivos. Esto nos motivará a seguir con nuestros proyectos. Supongamos que nuestro emprendimiento va viento en popa y empezó a dar frutos. Todos sabemos que para emprender hay que ser un poco austeros, pero si el emprendimiento va bien, no está mal tomar un poco de las ganancias para mejorar nuestra apariencia; quizá ropa nueva o un móvil nuevo. Esto nos ayudará a sentirnos animados y podremos reflejar el bienestar que nos motiva. No olvidemos que no se debe hacer nada en demasía y que todo debe estar en su justa medida. Con el paso del tiempo las ganancias irán permitiéndonos subir el nivel de los premios y estos serán estímulos muy preciados.

Cree en ti. Si queremos llegar a ser disciplinados, no solo necesitamos tener autocontrol, también debemos tener confianza en nosotros mismos para lograrlo. Si tenemos limitaciones mentales que nos atan y nos dejan estancados, no podremos avanzar. Las personas que no confían en sí mismas ven sus sueños como algo inalcanzable y no luchan por ellos, viven desmotivados. Ahora bien, con fe y disciplina todo es posible. Aparta de tu vista el "no lo puedo hacer", mantente enfocado y **perseverante, repite para ti mismo** "si puedo hacerlo".

Esto son los pasos que sigue una persona que es autodisciplinada y es fundamental que un emprendedor lo sea. Todo requiere de fuerza de voluntad y fe. Con determinación y empeño puedes alcanzar cualquier meta que te propongas. Sal de tu zona de *confort,* disciplínate y emprende.

Ser perseverante

En algún momento de nuestras vidas conoceremos una persona a la que no le importará caerse una y mil veces para lograr algo, esa persona lo intentará nuevamente y no se desanimará si se cae otra vez. Muchos podemos pensar que esto es una locura, pero es al contrario; esta persona está en sus cabales porque sabe lo que quiere y se esfuerza las veces que sean necesarias para conseguirlo. Existe una palabra justa que describe esa actitud: la perseverancia.

La perseverancia es una virtud que nos gustaría describir como lo hizo el poeta y crítico literario Arturo Graf (1848-1913) con el siguiente aforismo: "la perseverancia es la virtud por la cual todas las otras virtudes dan sus frutos". Es una manera espléndida de mostrar el virtuosismo de ser perseverante como origen de otras bondades. La perseverancia es ese sentimiento inquebrantable de querer seguir sin importar los obstáculos que se pongan al frente de nosotros y conseguir nuestras metas. Ser perseverante es análogo de persistencia, constancia, dedicación y firmeza para obtener lo que queremos.

En muchas ocasiones puede que lleguemos a sentir que cuando perseguimos algo nuestra persistencia es endeble y dejamos de lado aquello con lo que no podamos. Quizá podamos sentir que no hacemos el mayor esfuerzo para conseguir nuestras metas. Sin embargo, acá te ofrecemos unos consejos que te ayudarán a perseverar en tus metas.

¿Cómo ser perseverante?

¿Necesito ser perseverante? no digas que serás perseverante, ¡sé perseverante! Si sientes que la perseverancia no está completamente en tu ser, entonces te daremos unos *tips* para despertarla de inmediato y que comiences con altas dosis de motivación para seguir con ímpetu tus metas.

Establece tus objetivos y metas. Para desarrollar la perseverancia es necesario tener un propósito al cual dedicar esfuerzo y tiempo hasta consolidarlo. En principio, debemos establecer pequeñas metas que servirán de estímulos primordiales para fortalecer nuestra voluntad. Si tenemos claro los pasos a transitar podemos tener visibilidad de los pormenores que puedan surgir durante el trayecto hacia la consolidación de nuestro proyecto. Al ser reflexivos sobre los inconvenientes que se pueden presentar en cada etapa de nuestro proyecto, podemos dejar de lado el miedo y la angustia que provocan los obstáculos y así, llegado el momento de presentarse alguna dificultad, seguramente podamos superarlos y continuar sin titubeos hacia el cumplimiento de los objetivos planeados.

Plantéate objetivos y proyectos que estén a tu alcance. No existe meta que no se pueda lograr. Puede que la meta que te estés planteando sea muy ambiciosa y en estos momentos no puedas cumplirla, pero esto no quiere decir que sea imposible alcanzarla. Sobre la imposibilidad de las cosas, existe una cita acuñada al emperador francés Napoleón Bonaparte que dice que "imposible es una palabra que solo se encuentra en el diccionario de los necios". Aunque no tengamos la certeza de fuente, la frase guarda una sabiduría universal, solo los necios no ven las posibilidades de las cosas. Tus sueños pueden parecer imposibles para otros, pero para ti es solo una cuestión de estructura. Plantea objetivos claros y realistas que te lleven a alcanzar tu meta principal. Por ejemplo, para emprender cualquier negocio es fundamental conseguir financiamiento. El dinero no caerá del cielo; son los objetivos reales los que te conducirán para alcanzar tus metas.

Mantente decidido y comprométete contigo mismo. Debes estar decidido y comprometido para lograr tus metas. Eso quiere decir que debes ser consciente de que nadie responderá por ti y que tienes que valerte por ti mismo si quieres conseguir las cosas y que las cosas resulten del modo que esperas. No puedes depender de terceros; para lograr tus proyectos debes hacerles frente con dedicación y valentía. Cuando tenemos claro nuestro objetivo solo queda trabajar con constancia y honestidad para conseguir lo que nos proponemos.

Aviva tu voluntad. Para persistir en cualquier cosa es indispensable tener una voluntad inquebrantable. Todos podemos llegar a tener una voluntad de acero, solo es cuestión de querer hacerlo. No importa cuánto lo intentes, si algo no te gusta no te preocuparás por terminarlo, ni siquiera intentarás comenzarlo. Ahora bien, debes plantearte las cosas de una manera diferente. Da lo mejor de ti para completar con rapidez esa tarea tediosa que no te agrada, así entonces comenzarás más rápido una tarea que te pueda gustar. Te daremos un ejemplo sencillo: cuando mandaban tarea del colegio para el hogar, quizás nos causaba cierto fastidio hacerlas, pero si las hacíamos con dedicación la terminábamos rápido y podíamos disponer del tiempo sobrante para hacer lo que nos gustaba, ya fuera jugar con amigos, leer un libro, ver televisión, etc. ¿Qué necesitamos para avivar nuestra voluntad de seguir? No se debe hacer nada del otro mundo, basta con pequeños actos, como luchar contra la flojera, el descuido y la indiferencia. De a poco volveremos más fuerte nuestra voluntad. Si tenemos una voluntad férrea esto nos mantendrá motivados. Es indispensable recordar cuál es la razón por la que estamos en este camino, pese a las dificultades que se presenten recordar el "porqué" de nuestra empresa nos mantendrá fieles a nuestro deseo de completar lo que nos planteamos en un principio. Es necesario afirmar lo que ambicionamos y pisar con firmeza el camino que estamos dispuestos a recorrer.

Fortalece tu adaptación al cambio. Para avanzar es necesaria la capacidad de adaptarse a los cambios y ser flexibles con las situaciones que se presenten. Este es el principio de la teoría de selección natural de biólogo Charles Darwin. Los más aptos, los que son capaces de adaptarse, son los que sobreviven. No debes obsesionarte con lo que debería suceder, por el contrario, acepta los cambios que sucedan y aprende a buscar una solución a esos obstáculos que se presentan inesperadamente y haz que tu emprendimiento viva. Nuestro mundo, y en especial nuestro momento histórico, experimenta cambios con una dinámica muy acelerada; quien se adapte a esta dinámica del cambio de seguro alcanzará una vida exitosa.

Acepta que el fracaso es una posibilidad. No debemos derrumbarnos solo por haber fracasado, la mayoría de las personas exitosas fracasaron en algún momento de su vida, pero esto no los acomplejó ni dejaron de esforzarse por ello, al contrario, de sus fallas adquirieron destrezas y la usaron para preparar el siguiente intento. Un hermoso ejemplo de esto lo podemos ver en la anécdota del científico y empresario estadounidense Thomas Edison (1847-1931), quién tras haber sido interpelado por alguien debido a sus numerosos intentos fallidos en la creación de la bombilla eléctrica respondió: "no me siento desanimado, porque todo intento erróneo descartado es un paso hacia adelante". Sin duda, reconoció con una magistral sabiduría su perseverancia. Las personas exitosas persisten "tercamente" porque saben que el fracaso es solo un requisito para el triunfo.

Analiza y examina las causas latentes del fracaso. Cuando continuamente se nos presenta algún obstáculo para lograr nuestras metas, lo más sabio que debemos hacer es detenernos y tomarnos un tiempo para reflexionar ¿cuál puede ser la razón que nos causa tal impedimento para avanzar? Debemos poner nuestras acciones y talentos bajo la lupa y con pensamiento objetivo y crítico sopesar en una balanza si son suficientemente buenos nuestros esfuerzos o si debemos, pues, dar más para conseguir lo que queremos. Muchas veces pecamos de **tercos** por no reconocer a tiempo los errores. Hay que determinar si fracasamos por inconvenientes reales o por negligencia.

Toma descansos. Por muy enfocados que estemos en nuestros proyectos no somos una máquina, somos humanos y tenemos sentimientos y debilidades. Es probable que llegue el momento en el cual nos lleguemos a sentir agotados. Es muy frecuente que sea en ese instante que nos demos cuenta de que necesitamos tomar un descanso. Sin embargo, no es conveniente llegar a estos extremos. Antes bien, decidamos con tiempo programar momentos de descanso. Esto te ayudará a tener una buena salud física y mental. Debes disponer en tu rutina de tiempo para el esparcimiento y la recreación. Salir a correr o caminar después de trabajar, evitar trabajar los fines de semana, hacer reuniones con la familia. Qué el tiempo libre sea sagrado.

Ten por seguro que si sigues estos *tips* tu mentalidad y apariencia cambiarán. Sentirás completa seguridad sobre ti y todo lo que te has propuesto. En tu pecho se encenderá esa chispa que creará una llamarada de vigor que te impulsará a seguir, aunque te caigas miles de veces, pues serás una persona segura y consciente de tus proyectos de vida. Una frase célebre del reformador social y abolicionista Frederick Douglass dice: "Sin lucha no hay progreso". Si quieres lograr tus metas y emprender no dejes de luchar férreamente por ellas.

¿Soy terco o perseverante?

Por lo general, **la terquedad puede ser una característica desfavorable de una persona**. Podemos pensar que la persona que demuestra terquedad es necia, tozuda, testaruda. Aunque esto parezca ser cierto, muchas personas consideran que es necesario ser terco para ser un emprendedor. Vale la pena aclarar que esto es verdadero si consideramos que la terquedad también es un equivalente a firmeza y seguridad en lo que aspiramos. Sin embargo, es muy delgada la línea que divide el sentido de terquedad con el de determinación o perseverancia. El primero es considerado un vicio y los segundos como virtudes. Por esta razón, estaría bien identificarnos con la perseverancia, y si alguien quiere hacerlo con la terquedad, pues debe entonces aclarar el sentido positivo de lo que por ella entiende.

Un emprendedor no puede ser menos que un ser lleno de virtudes. Si una persona insiste en pensamientos necios es muy probable que sus proyectos no se concreten porque sus planes son más pasionales que objetivos. Es ahí donde radica el linde entre la terquedad y la perseverancia. Una persona emprendedora sabrá distinguir entre aquello que es un inconveniente auténtico de aquello que es solo desmotivación. Si aquello que se presenta como obstáculo es superable puede seguir y perseverar en su objetivo, pero si por el contrario es contraproducente y acarrea pérdidas y aún así se desea continuar entonces entraremos en el terreno de la terquedad.

Terquedad *versus* perseverancia

Nina Bravo (1995: 45), en su libro *VALORES HUMANOS: por la senda de una ética cotidiana* define la **perseverancia** como "llevar a cabo las acciones necesarias para alcanzar lo decidido, aunque disminuya la motivación, o surjan problemas internos o externos", la autora toma un apartado de su libro para explicarnos que este es un valor moral, pero que tras este surge lo que ella llama **"disvalores"**, aquellos que se oponen al valor como tal, y ahí señalados para la perseverancia: **la inconstancia y la terquedad**. El primero se refiere al abandono de las metas propuestas y el segundo, que es el que nos atañe, lo define como **"insistir en alcanzar lo decidido, aun dándose cuenta de lo equivocado de su decisión"**. Saber diferenciar entre un valor y un antivalor es lo que determina a un emprendedor. El emprendedor es una persona que posee inteligencia emocional. Se detiene y cuestiona sus decisiones. Es una persona que posee humildad para aceptar que cometió un error y enmendarlo, no se empeña en seguir por la senda equivocada. El emprendedor es perseverante y esto lo logra porque conoce muy bien sus objetivos y metas, antes de una emoción filtra su pensamiento con inteligencia y determina si lo que se plantea es útil, pide consejos de personas más experimentadas, mide los riesgos futuros y está preparado para asumirlos y superarlos.

¿Cómo puedo ser perseverante sin ser considerado terco?

Es común que las personas que te vean insistir en tus proyectos te consideren terco. Esto es lógico, en una sociedad emergente y convulsiva cualquiera que se plantee un proyecto está en condiciones de sufrir alguno que otro inconveniente y esto suele ser predecible. Sin embargo, es importante la actitud que se adopta al hacer frente a la continuidad de los proyectos que deseas emprender. Para dar cuenta de que un emprendimiento no es un capricho sino una determinación, es importante no solo la actitud que tomamos al expresarnos oralmente, sino también la expresión corporal que asumimos debe denotar la seguridad y la firmeza por la que persistimos en nuestra meta. Si queremos solicitar algo, por ejemplo, es fundamental hacerlo sin temor y con determinación, es así como en lugar de decir "disculpe, será posible que usted me imprima este documento, si puede" se diga: "necesito imprimir este documento, te agradecería mucho si me ayudas". Por otra parte, al momento de expresarnos debemos hacerlo con buena energía, mirar siempre a la persona que nos dirigimos, con movimientos adecuados, nada que transmita temor o inseguridad, de lo contrario pondremos ante los ojos de otra persona a un ser inseguro y probablemente no nos prestará atención.

Para que no seas considerado a la ligera como un terco debes tener argumentos de peso que sustente tus objetivos. Todo esto va incluido en el plan que maquetaste en tu mente cuando decidiste emprender. Sabes porqué tu proyecto es un bien para los demás y para ti. Elaboraste un esquema que debes cumplir y cuando asumiste tu proyecto consideraste riesgos que podías superar. Un emprendedor comprometido puede superar cualquier obstáculo, es consciente de que para lograr sus objetivos debe **ser temerario, crédulo y resuelto** porque hay convicciones lógicas que lo impulsan a seguir adelante. Nadie puede empezar un emprendimiento sin la certeza de que este funcionará. **Ser determinante y perseverante** es un modo de vida y un compromiso y **ser emprendedor** requiere de estas virtudes.

Disciplina y perseverancia, actitudes de todo emprendedor exitoso

Los conceptos de disciplina y perseverancia están estrechamente conectados. La unión de ambos es la clave del éxito para cualquier persona. Si quieres emprender y tener triunfo, entonces ser disciplinado y perseverante serán las actitudes que debes de adquirir para lograr tus objetivos. Si somos disciplinados con nosotros mismos, tenemos una de las tareas más difíciles cumplidas. Si puedes tener dominio de ti, como dice el precepto griego del oráculo de Delfos: "conócete a ti mismo", sabrás administrar tu tiempo sabiamente, organizarte y establecer prioridades. Si dominamos esto, el control de nuestro centro de acción, tendremos la ventaja de conocer con claridad lo que nos planteamos, esto quiere decir el porqué y para qué de nuestros proyectos. Este conocimiento será la biga base y soporte estructural de cualquier emprendimiento, pero a esta biga debemos plantarla lo más firme que podamos y eso se hace con el refuerzo de la perseverancia; el trabajo duro siempre dará buenos frutos a la larga. Si algún obstáculo se presenta para evitar que nuestro negocio surja, no debemos quedarnos de brazos cruzados y rendirnos; ¡No! Trabajaremos firmemente para arreglar ese problema y avanzar. Si otro problema aparece, debemos manejarlo y solucionarlo con sabiduría. No olvides seguir nuestros consejos, recuerda que para ser disciplinados **debemos analizar las debilidades** que tenemos, para empezar a atacar el problema de raíz. Debemos **hacer una balanza de las cosas buenas** que traerá ser disciplinado, esto nos mantendrá enfocados. **Crea una rutina nueva** y cúmplela a cabalidad. **Evita ponerte excusas y ten voluntad. Cree en ti** y en lo que deseas alcanzar. No olvides que la perseverancia requiere de una constancia perenne. **Establece tus objetivos y fíjalos** para que no los pierdas de vista. **Haz un compromiso con tus metas y aviva tu ánimo**, pensar en lo que obtendrás y los beneficios que esto acarrea te mantendrán en sintonía con tu proyecto. No olvides que tenemos que

adaptarnos a los cambios y debemos estar preparados para ello. **No podemos desanimarnos ante un fracaso**, antes bien debemos fortalecernos y evaluar como podemos afrontar lo mejor posible cualquier circunstancia. Recuerda que con disciplina y perseverancia todas las metas que nos propongamos por más difíciles que parezcan pueden ser logradas.

Para conseguir ser más disciplinado, considera estas apreciaciones:

- Tener un "porqué".
- Empieza por ser disciplinado con pequeñas acciones.
- Piensa en los beneficios de ser disciplinado.
- No postergues.
- Borra de tu memoria todos los intentos fallidos.
- Pon orden y rutina.
- Cambia tu rutina.
- Subdivide tu reto en pequeños premios.
- Prepara una contraexcusa para cada excusa.
- Has un autoanálisis.
- Trata de convencerte de que quieres tener disciplina para creer en ti mismo.
- Añade más disciplina a tu vida.
- Elige un área en la que quieras tener más disciplina.
- Adopta una actitud positiva.
- Actúa y compórtate con templanza.
- Asegúrate de comportarte con cortesía y sentido común en todas las situaciones.
- Aprende los conceptos fundamentales de la autogestión.
- Permanece limpio y ordena tus cosas.
- Usa los gestos apropiados.
- Utiliza una agenda.
- Determina el porqué.
- Sé consiente de tus debilidades.
- Elimina las tentaciones.
- Establece metas más claras y ten un plan de ejecución.

Quien se quedo con el negocio

- ❖ Desarrolla autodisciplina.
- ❖ Crea hábitos simples.
- ❖ Cambia tu percepción acerca de la fuerza de voluntad.
- ❖ Ten un plan B.
- ❖ Recompénsate.
- ❖ Perdónate y avanza.
- ❖ Ten en cuenta que posiblemente otras personas traten de disuadirte de tus metas.
- ❖ Cuando aprendas a hacer algo correctamente, sigue haciéndolo de esa manera.
- ❖ Recuerda tus razones para seguir con tus metas para mantener la motivación.
- ❖ Trata de no regañar ni molestar a las personas que parezcan poco disciplinadas.
- ❖ Persegue tus metas con persistencia.
- ❖ Consagra una cantidad determinada de tiempo cada día a la meta.
- ❖ Crea un recordatorio de la meta en un lugar visible.
- ❖ Conecta tu objetivo con un hábito ya establecido.
- ❖ Procura que las metas sean divertidas y emocionantes.
- ❖ Mantente fiel a tus valores al perseguir tus metas.
- ❖ Persiste a través de las dificultades y del fracas.
- ❖ Escucha, pero no interiorices las críticas.
- ❖ Desarrolla una red de apoyo.
- ❖ Acepta que el fracaso es posible.
- ❖ Examina las causas subyacentes de tu fracaso.
- ❖ Visualiza el logro final para mantenerte motivado.
- ❖ Ten cuidado con el escapismo.

- ❖ Redirige tus energías si determinas que una meta es inalcanzable.
- ❖ Persiste con las solicitudes o los rechazos.
- ❖ Mantén un tono consistente de voz.
- ❖ Adopta la técnica del "récord batido".
- ❖ Piensa en una cesión viable como una solución posible.
- ❖ No temas pedir ayuda a otras personas. Estas pueden ayudarte a alcanzar una meta u ofrecerte buenos consejos.
- ❖ Busca hasta encontrar la estrategia que mejor funciona para ti: Dependiendo de las circunstancias que surjan, de la magnitud de tus ambiciones o de las características concretas de cada Proyecto..

CAPITULO III
Haciendo amigos

La amistad es un término que la mayoría usamos y con él describimos un lazo afectivo que se posee entre una o varias personas de lealtad, solidaridad y sinceridad. Esta unión se sustenta en el compromiso profesado entre ambas partes que se desarrollará por un interés mutuo con el transcurrir del tiempo. La amistad surge sin distingo de edad, sexo, religión, ideologías, culturas, estrato social, etc. Las relaciones de amistad pueden nacer en cualquier lugar y momento; en el trabajo, la universidad, las fiestas, reuniones, en un café. No importa dónde se esté, siempre se puede hacer un amigo en el lugar menos esperado.

Es probable que muchas personas hablen de amistad, pero desconozcan la valía de tal término. En la Antigüedad, la amistad era considerada un bien mayor, una virtud, y por ello fue motivo de múltiples discusiones filosóficas. Platón nos ofrece el primer tratado sobre la amistad en el mundo antiguo, llamado *Lysias o de la amistad,* donde afirma que la amistad solo puede existir entre hombres buenos (220b). Sin embargo, en su *Ética a Nicómaco* (2010a -2011a), Aristóteles reflexionó sobre la amistad más sistemáticamente y afirmó que el hombre posee una naturaleza social y no puede ser completamente virtuoso sin entablar relaciones, además consideró que la amistad estaba por encima de la justicia, cuando los hombres son amigos no hay necesidad de justicia. Para él los justos son los únicos que pueden entablar una amistad. Asimismo, distinguió tres tipos de amistad: por interés, por placer y por virtud. La amistad por interés es la más fácil de disolver, puesto que los que se quieren por interés no lo hacen por sí mismos, sino en la medida que obtengan beneficios del otro. La amistad por placer es la que se da principalmente en la juventud y el querer se obtiene por reciprocidad y semejanza, por frivolidad y no por carácter, por parecer agradables entre sí. Estos dos tipos de amistad se valoran por lo que procuran: utilidad y placer. En cambio, la amistad por virtud es la amistad perfecta. Es la que se da por igualdad, puesto que las partes que intervienen buscan y procuran permanentemente la realización del bien para sí y para el amigo.

Si contemplamos la importancia de la amistad como el bien común, es lógico pensar que cualquier gran empresa que se desee alcanzar está sostenida por diferentes lazos de amistad. No cabe duda de esto, hoy en día somos lo que somos gracias a la amistad. Sin la idea de amistad las sociedades no hubiesen evolucionado. El surgimiento de las civilizaciones se alcanzó a través de la unión fiduciaria de familias, tribus, clanes, ciudades, etc. Ahora bien, del mismo modo **para alcanzar cualquier emprendimiento es indispensable contar con amigos,** pero es importante saber qué tipos de amigos debemos tener a nuestro lado para lograr el éxito de nuestros propósitos. Si tomamos en cuenta la clasificación aristotélica, en primer lugar, debemos contar con amistades virtuosas, porque estas serán incondicionales y procurarán siempre el bien común y estarán movidas por los mismos deseos de bien; serán nuestro apoyo en todo momento. Sin embargo, esto no quiere decir que descartemos a los amigos que lo son por utilidad, pues estos serán, valga la redundancia, útiles en la medida que nos beneficiemos el uno del otro.

Sin embargo, algunas personas sienten inseguridades al momento de entablar relaciones de amistad y esto no es lo propio de un emprendedor. Un emprendedor es una persona amistosa por naturaleza, su facilidad de relacionarse con los demás determina el éxito de sus proyectos. Por este motivo, acá te daremos sugerencias para empezar a ser una persona amistosa y lograr los lazos afectivos propios para poder emprender.

¿Cómo puedo hacer amigos?

Hacer amigos no es algo que requiera de un manual, surge primero por semejanza con otra persona y luego se fortalecen los motivos que hicieron que se agradarán en primer momento. Sin embargo, si eres una persona introvertida puede que se te dificulte más lograr relacionarte y es precisamente las relaciones con los otros lo fundamental para poder impulsar cualquier proyecto. Un emprendimiento es una actividad que requiere de muchas cualidades para poder llegar a convertirse en una realidad y una de ellas es la capacidad de desarrollar lazos de empatía, ya sea con socios, clientes, trabajadores, etc. Por ejemplo, si tu deseo es hacer una marca de cremas corporales, debes crear una cartera de clientes, esto quiere decir que debes crear lazos de semejanza con tus clientes para generar confianza en tus productos y esto solo se alcanza si muestras lazos empáticos con ellos a través de una relación amistosa de confianza, compromiso y lealtad. De igual manera, debes aplicar esto con todo lo concerniente a tu empresa, socios, trabajadores, familia, etc. Es de suma importancia señalar que la amistad tiene un valor incalculable. Como ya señalamos es considerada una virtud y todo lo que se aparte del término virtud no puede ser considerado como amistad. Hay que tener en cuenta que la amistad se establece entre hombres nobles, nada que esté cercano a un vicio está cerca de ser una amistad auténtica. Por eso hay que tener muy buen ojo para determinar quién es un amigo realmente. Como dice el proverbio latino: "los verdaderos amigos alejan de los vicios". No puedes relacionarte con personas que tengan malas actitudes y malos principios, ni tengan vicios, ni debilidades. Si tus amistades son viciosas, lamentablemente estás destinado al fracaso. Recuerda que las amistades se establecen por semejanza y si tu amigo tiene cosas negativas también querrá que tú las tengas. Aclarado este punto, te serviremos de guía y te ofreceremos unos *tips* útiles para lograr hacer nuevas amistades y fortalecer las que ya tienes, para así poder relacionarte mejor en beneficio de tu emprendimiento.

En primer lugar, para que un emprendimiento sea fructífero **debemos relacionarnos con personas que estén cercanas al área en la que queremos emprender**, debemos acudir a conferencias, charlas, exposiciones, talleres, sitios públicos que frecuenten personas relacionadas con nuestros intereses. Esto nos brindará la oportunidad de estar en el medio adecuado para dar impulso a nuestros planes. Conocerás personas que comparten tu pasión y se dará un ambiente recíproco de ideas. Al tener contacto con personas de este medio serás invitado a eventos de tu interés, donde podrás dar a conocer tus proyectos, productos, etc. Asimismo, **debemos profundizar las amistades que tenemos**, ya sea que estén movidos por los mismos intereses, para buscar trabajos en conjunto, estudiar o charlar para compartir ideas: esto será muy beneficioso para ambas partes. Pero también puede darse el caso contrario: que no tengan nada que ver con nuestro emprendimiento directamente y aun así sirvan de apoyo y solidaridad para ayudarte a emprender; esto quiere decir que promuevan tu emprendimiento entre otros conocidos a través de sus redes, no por un interés sino por procurar el bien común y consolidar la amistad.

Ahora bien, nuestro propósito en este capítulo se titula "más amistades" y para alcanzar tenerlas debes salir de la zona de confort y probar conocer nuevas personas. Hoy en día entre más personas conozcas más oportunidades tienes de ser exitoso y esto se debe al gran *boom* de las redes sociales y sus algoritmos que te posicionan. Sin embargo, para algunas personas relacionarse no es tan fácil por eso te daremos las siguientes indicaciones que debes seguir para lograr eficazmente entablar nuevas relaciones:

Busca siempre una oportunidad para hablar con nuevas personas. No solo por estar en un lugar con mucha gente quiere decir que vayas a hacer amigos. La posibilidad de establecer una relación amistosa depende en parte de si entablas una conversación con alguien. No es necesario pensar demasiado qué vas a decir, solo necesitas comenzar con algo amable, con solo un "Buenos días, ¿cómo estás?" es suficiente para iniciar una conversación. Los buenos modales te harán parecer más amigable y mientras más amigable parezcas la gente estará más dispuesta a hablar contigo y se sentirán a gusto.

Ten confianza mira a los ojos y sonríe. Si no luces amigable y receptivo, la gente no querrá hablar contigo y serán menos propensos a tu amistad. Esto es algo básico que nos enseñan desde pequeños, las normas del buen hablante y el buen oyente.

Debes mirar a los ojos cuando le hables a otra persona o cuando te hablen ellos, esto les transmitirá que eres una persona sociable y confiable. La expresión corporal es fundamental, así que bríndales una sonrisa amistosa y cálida eso los hará sentir más cómodos.

Intenta con varios temas para iniciar una conversación. Si tienes alguien que te interese como amigo, lo primero que deberías hacer es iniciar una conversación, eso te ayudará a conectarte con él y comenzar a forjar una amistad. Puedes comentar sobre el clima, o algo interesante que haya pasado en la ciudad los últimos días o hazle un cumplido, pero algo que no sea muy personal o entrometido, ya que podría sentirse incomodo; por ejemplo, puedes decirle que sus zapatos son geniales o su corte de cabello, etc.

Haz una conversación casual. Si la otra parte está interesada en seguir hablando, hazle preguntas y ofrece un poco de información sobre ti. No es necesario que sea algo muy profundo o personal, lo importante es que le hagas saber que puedes escuchar atentamente y hacer aportes interesantes a la conversación.

Preséntate al final de la conversación. Cuando termine la conversación di algo como: "ah, por cierto, mi nombre es…". Por lo general, después de presentarte la otra parte hará lo mismo. Cuando te diga su nombre trata de no olvidarlo, si lo recuerdas le demostrarás que has recordado puntos de la anterior conversación, eso le dará a entender que le prestaste atención y que estás interesado.

Haz una invitación a algún sitio. Si la persona con la que has conversado se ha mostrado receptiva, puedes invitarla a ir a almorzar o a tomar un café, esto te brindará una mejor oportunidad para conocerse. Intercambien números de teléfono o e-mail, así tendrán la oportunidad de comunicarse nuevamente. Como respuesta podría darte su información o no hacerlo, pero no importa. La otra persona estará más dispuesta a reunirse contigo si fijas una hora y un lugar, por ejemplo: "fue un placer conversar contigo ¿Qué te parece reunirnos el sábado a "x" hora en "x" sitio y tomarnos un café?". La seguridad siempre es clave para entablar amistades.

Ahora bien, ya te dimos algunos consejos para hacer nuevos amigos, pero no debemos olvidar **los amigos que ya tenemos** y quienes nos brindan su solidaridad día a día. Ahora te diremos **como mantenerlos y fortalecer el lazo de amistad** con ellos:

Sé leal a tus amigos. No debemos confundir lealtad con complacencia; la primera es una virtud, cuando nos referimos a lealtad es el deber que tenemos con nuestros amigos de estar con ellos y brindar nuestro apoyo en las situaciones más difíciles y no dar la espalda cuando nos necesitan. Ser un amigo leal significa estar en la enfermedad, en la quiebra, etc. y no solo en los buenos momentos. Sin embargo, si tu amigo ha incurrido en un error grave no debes ser cómplice de ello, con sinceridad debes decirle en qué falló y que aun estarás para él, siempre y cuando corrija sus fallas.

Sé confiable. La confianza radica en actuar de forma adecuada en diversas situaciones. La confianza va dirigida hacia el futuro y es aquella seguridad que le damos a la otra persona sobre nuestra forma de actuar de modo honorable. Debemos ser alguien digno de confiar y esto se establece principalmente en el respeto por el otro y en cumplir códigos de honor. Por ejemplo, si un amigo te confía algo de valor para él, tu deber es valorarlo igual que él. Una persona confiable jamás hará nada que perjudique a otro, porque es una persona que sabe actuar de forma prudente y tiene innumerables virtudes como solidaridad, compañerismo, lealtad, prudencia, etc. Ser de confianza te abrirá las puertas con muchas personas, esto es valorado en demasía. Cuando se refieran a ti, dirán que eres una persona de confianza. Sin embargo, los errores por muy pequeños que sean, como hablar de otras personas y ocuparse de cosas que no son propias, pueden debilitar la confianza y si esta se pierde es muy difícil recuperarla.

Escúchalos. Debes escuchar a tus amigos cuando quieran hablar contigo. Algunas veces no tendrán historias emocionantes que contarte y quizá solo quieren decirte como se siente o a lo mejor necesitan algún consejo de una persona de confianza. Todas las personas, en especial los amigos, aprecian cuando se les escucha con cuidado. Esto significa que te importa lo que te dice y que realmente valoras la confianza depositada en ti, de igual forma tu amigo te atenderá cuando tú quieras hablar. También debemos procurar recordar los detalles significativos sobre ellos (cumpleaños, gustos personales, aquello que les desagrada, etc.) y siempre tomarnos un tiempo para aprender un poco más sobre el otro. Esta empatía hará más fuertes los lazos de la amistad.

Mantén contacto con tus amigos. Muchas personas suelen descuidar las amistades y es que el trabajo innumerables veces no permite tener el tiempo suficiente para compartir con nuestros amigos. Sin embargo, aunque no podamos reunirnos frecuentemente con ellos, no debemos perder la comunicación con los mismos. En la actualidad, el auge de la tecnología permite que nos podamos comunicar por diversos medios. Tómate unos minutos, ya sea por vía *e-mail* o por las redes sociales, y saluda a tus amigos. No dejes de mantener contacto con ellos.

Escoge a tus amigos de forma selectiva. Como ya se dijo no todos los amigos son buenos para lograr tus metas, por lo que debemos ser selectivos al momento de conocer más personas. Podrás darte cuenta de que resulta fácil congeniar con algunas personas más que con otras. Muchas "amistades" pueden llegar a ser dañinas para nosotros. Hay casos en los cuales estas personas llegan a ser obsesivas, controladoras y solo ofrecen visiones negativas del entorno, lo mejor es dejar estas amistades de la forma más amable posible. No olvides que debemos elegir con sabiduría a los amigos que necesitamos para que nos acompañen en nuestra vida y nos brinden su apoyo para alcanzar nuestras metas. Si tienes amigos saludables que encajan en tu entorno y son virtuosos, mantente cerca de ellos, te aseguramos que serán la clave para alcanzar el éxito de tus metas.

Amigos y emprendimiento

Siempre que queramos emprender es necesario tener amigos que compartan interés por nuestro proyecto. Estos serán de gran utilidad porque podrán brindarnos su apoyo, contaremos con su solidaridad, sus buenos consejos, su experiencia y tratarán siempre de impulsarnos a culminar nuestra meta con éxito. Si en algún momento nos sentimos cabizbajos, ellos estarán ahí para recordarnos por qué empezamos a emprender. Aquí te diremos cuáles son lo amigos que deben acompañarte a cumplir tus objetivos de emprendimiento:

Amigos trabajadores. Un amigo trabajador es el compañero ideal. Es aquel amigo que te motiva a continuar y trabajar más y más cada día para mejorar. Los amigos trabajadores nos impulsan hacia la excelencia, nos hacen ser competitivos y hacen que la faena sea agradable. Podemos confiar en ellos, son responsables con su labor y nunca harán nada en desmerito de lo que se desea alcanzar.

Un amigo emprendedor. No habrá nadie mejor para entenderte que un amigo que esté en la misma etapa de crecimiento que tú. Estas relaciones tienden a ser valiosas a largo plazo. Podrán apoyarse, aconsejarse y hasta cuestionarse de ser necesario y todo esto para mejorar en el ámbito empresarial.

Un amigo mayor que tú. Siempre es bueno tener la opinión de una persona mayor, ya conocen ese refrán que dice: "más sabe el diablo por viejo, que por diablo". Las personas mayores han tenido más experiencias y podrán aconsejarnos y guiarnos. La sabiduría de ellos es la mejor ayuda que podemos llegar a tener ante alguna inquietud que nos preocupe. Es probable que en algún momento ellos también pasarán por el mismo inconveniente y seguramente sabrán darnos el consejo apropiado para calmar cualquier inquietud.

Un amigo que tenga una opinión diferente a la tuya. No es bueno que siempre se nos dé la razón, al contrario, necesitamos a alguien que no esté de acuerdo con nosotros, necesitamos esas personas con la cual podamos debatir e intercambiar opiniones ya que tienen una perspectiva diferente a la de nosotros. Esto nos permitirá ver cosas que a lo mejor hemos pasado por alto y nos ayudará a crecer de manera personal. Lo que permitirá alcanzar un mayor bienestar en nuestro ámbito laboral.

Amigos con una personalidad positiva. Una actitud positiva es indispensable para poder consolidar cualquier meta que nos propongamos. Si tienes un amigo que siempre piensa en positivo, al igual que tú, podrán alcanzar juntos grandes cosas. Trabajar con personas positivas te hace sentirte feliz. Las actitudes negativas conviene alejarlas, estas no traen nada bueno y quitan toda inspiración para el éxito o la innovación. Las personas positivas son creativas y proactivas.

Amigos soñadores. Todos necesitamos de amigos soñadores, aquellos son los que se plantean un objetivo y trabajan duro para alcanzar metas que se piensan inalcanzables. Estos son los amigos que nos impulsarán a crecer en el ámbito empresarial y alcanzar aquello que solamente nos podríamos plantear en nuestros sueños.

Estas son las amistades recomendadas para lograr nuestras metas de emprendimiento, por ello debemos conocer muchas personas para tener nuestros puntos de referencia y entablar una amistad duradera y productiva para ambas partes.

Negocios y amigos

Muchas veces combinar negocios y amistades puede ser una unión contraproducente. Sin embargo, esto no es algo que funcione de forma normativa. Si sabemos establecer amistades con personas correctas, no hay nada que temer porque siempre prevalecerá el bien común. Aun así, es bueno dejar todos los términos claros antes de aliarnos con alguien para que nuestro emprendimiento funcione mejor. Así como dice el refrán "cuentas claras conservan amistades", es necesario determinar algunos aspectos con anterioridad para que el negocio y la amistad continúen y se fortalezcan. Si quieres emprender junto a tus amigos, a continuación, te ofreceremos unos buenos consejos.

Establece todo por escrito. Los acuerdos no deben ser verbales, todo acuerdo debe estar legitimado por escrito. Establecer parámetros permitirá tener claro cuáles son las competencias y los beneficios de acuerdo a la función que desempeña cada uno dentro de la sociedad. Al quedar estipulado los acuerdos, solo se puede esperar de la sociedad lo establecido legalmente.

Cada uno debe tener su abogado. No debemos pensar que tener un abogado significa que nos preparemos para algún conflicto. Los abogados están para ser mediadores y voceros nuestros. Ellos realizarán contratos donde describirán las responsabilidades, cuotas, ganancias, etc. Lo harán de forma justa y conveniente para ambas partes, puesto que ellos pueden determinarlo de forma más objetiva según ley.

Habla todo claramente para que no haya dudas. Es fundamental definir con detalle cada punto que involucre a la sociedad, por ejemplo: tiempo en que estará establecida la empresa, cómo se formará el equipo, cómo se desempeñará sus funciones, cuáles serán las ganancias, etc. Tener todo muy bien definido desde el principio de la sociedad evitará malos entendidos en el futuro.

Estos consejos son la mejor ayuda para formar una sociedad sana y próspera con tus amigos.

Importancia de las amistades en el emprendimiento

Para desarrollar cualquier emprendimiento es necesario tener amigos que compartan nuestra pasión e interés por nuestro proyecto, de igual forma necesitamos de aquellos amigos que, aunque no participen en el área que queremos incursionar siempre sean un apoyo emocional, amigos de la infancia, escuela, etc. Ellos podrán ver las cosas diferentes si no están inmersos en tu trabajo y te refrescarán un poco. Si queremos trabajar al 100%, debemos mantener una buena estabilidad emocional y para eso tenemos a nuestros amigos que estarán para escucharnos y aconsejarnos en cualquier situación. Los amigos son importantes por ser apoyo y procurar siempre el bienestar común y debemos valorarlos en demasía. Si en algún momento de nuestro trayecto empresarial se llegase a tener un momento difícil, los amigos estarán para auxiliarnos ante cualquier percance. Por eso nosotros te aconsejamos para tu emprendimiento tener **más amigos**, las relaciones humanas son las que han permitido el surgimiento de grandes proyectos, desde la formación de civilizaciones hasta grandes empresas corporativas. Recuerda que **para hacer nuevos amigos** debes seguir los *tips* que te hemos facilitado, **debes salir a conocer nuevas personas en lugares que estén relacionados con tus proyectos, debes crear conversaciones casuales, ser amable** y si las personas con las que has hablado han sido receptivas **invitarlas para continuar la conversación en otro momento** y así empezar a entablar una nueva amistad. Por otro lado, también te recomendamos **mantener las amistades ya establecidas**, recuerda que para esto **debes ser leal y de confianza**, asimismo **debes estar cuando ellos te necesiten, escucharlos y no perder el contacto a pesar del trabajo y la distancia**. Siempre ten presente que los buenos amigos alejan de los vicios y debes tener mucha **precaución al momento de escoger un amigo**. La amistad solo es posible entre hombres justos. No olvides que **para emprender tus amigos deben ser trabajadores, positivos, emprendedores y soñadores,** te motivarán siempre a alcanzar tus sueños. Los amigos son grandes aliados para crear sociedades y ayudarte emprender. Si quieres iniciar tu emprendimiento con un amigo, recuerda que todo debe estar muy bien definido antes de iniciar la sociedad, para ello asegúrate de que los objetivos a alcanzar estén planteados de forma correcta, no olviden buscar abogados para establecer los parámetros de la sociedad y recuerda siempre dejar todo por escrito. Ahora bien, ya que hemos aclarado estos puntos te invitamos a que tengas más amigos y emprendas.

Considera estas apreciaciones:

- ✓ Únete a una organización o un club.
- ✓ Haz trabajo voluntario.
- ✓ Trata de conectarte con personas que ya conozcas.
- ✓ Busca oportunidades para conversar con las personas.
- ✓ Haz contacto visual y sonríe.
- ✓ Prueba diversos temas para iniciar conversación.
- ✓ Ten una conversación casual.
- ✓ Preséntate al final de la conversación.
- ✓ Invita a la persona a almorzar o tomar un café.
- ✓ Practica intereses en común.
- ✓ Sé leal a tus amigos.
- ✓ Confia en ti mismo.
- ✓ No tengas miedo a conversar con desconocidos.
- ✓ Mira a los ojos de tu interlocutor.
- ✓ Interésate genuinamente por tu interlocutor.
- ✓ No te limites a interactuar con tu círculo cercano.
- ✓ Mantén el contacto.
- ✓ Únete a actividades que se realicen en grupo.
- ✓ Sé alguien con quien sea agradable estar.
- ✓ Practica siempre que puedas.
- ✓ No te preocupes si alguna interacción no sale como esperabas.
- ✓ Procura tener buena comunicación.
- ✓ Se sincero.
- ✓ Ponte en su lugar.
- ✓ Haz tu parte para mantener la amistad.
- ✓ Sé un buen oyente.
- ✓ Sé una persona digna de confianza.
- ✓ Mantente en contacto con tus amigos.
- ✓ Escoge a tus amigos de forma sensata.
- ✓ Ser un amigo leal no significa que debes complacer a las personas en todo momento o dejar que tus amigos se aprovechen de ti. Es importante que fijes límites

saludables y digas "No" de vez en cuando si es necesario por tu propio bienestar.
- ✓ No es necesario que seas una superestrella para ser un buen amigo.
- ✓ Sé positivo y amigable, así las personas se sentirán bien y apreciadas cuando estén cerca de ti.
- ✓ Conoce a los demás amigos y familiares de esa persona.
- ✓ Piensa lo que dices antes de decirlo. Podrías lastimar u ofender a tus amigos cercanos si hablas de forma imprudente.
- ✓ Siempre sé amable y nunca juzgues a alguien por su apariencia porque es diferente a ti. Te perderás muchas amistades maravillosas si no les das una oportunidad a las personas.
- ✓ Ten confianza en ti mismo.
- ✓ Confía en tus instintos. Si alguien te da mala espina, por lo general habrá un buen motivo para ello. No trates de entablar amistad con personas que te causen incomodidad.
- ✓ No abandones las viejas amistades por tus nuevos amigos. Las buenas amistades son valiosas y difíciles de encontrar, así que haz tu mejor esfuerzo por mantenerte en contacto con los viejos amigos.
- ✓ Si tienes una pelea con un amigo, no le eches la culpa ni lo ataques. Dale un poco de espacio y discúlpate por tu parte en el desacuerdo
- ✓ ¿Sabías que…? Imitar el lenguaje corporal de la otra persona es una manera fantástica de desarrollar una relación con ella. Al conversar con alguien, trata de imitar de forma sutil sus expresiones y gestos. Por ejemplo, si sonríe o se inclina hacia adelante mientras te habla, haz lo mismo.

CAPITULO IV
Creatividad

Para alcanzar el éxito de cualquier emprendimiento hay factores o habilidades que son indispensables, uno de estos es la creatividad. Entendemos por esta la capacidad de generar nuevos conocimientos o ideas a través de un pensamiento original, inventivo o divergente. Sin embargo, es importante definir aquello que se considera creativo, puesto que no toda idea por nueva que sea es creativa; con esto nos referimos a que pueden surgir ideas nuevas pero que pueden ser nocivas, ilógicas o cargadas de sin sentido productivo. Ser creativo es crear y no destruir. Matilde Obradors Barba (2007: 62) hace un breve pero conciso rastreo, a través de la opinión de diversos autores, sobre los diferentes conceptos que definen la palabra creatividad, con el fin de ilustrarnos de forma más específica sobre cuáles son las características fundamentales de este término. De acuerdo con la autora, y de la mano con diversos autores que son autoridad en la materia, como por ejemplo Romo, Bruner, Sternberg, Marín y De la Torre, el sentido de la palabra creatividad está cargado de novedad, esto quiero decir que se refiere a todo lo que antes no estaba o cuando menos no estaba de ese modo. Por lo tanto, el rasgo de novedad es esencial a todo lo que pueda recibir el apelativo de creativo. Asimismo, existe otro rasgo que define a la creatividad, aparte de lo novedoso, y este es "el valor". Al hablar de la valía entendemos que el producto creativo debe ser sometido a una evaluación donde se determinará si es adaptable a la realidad y en qué medida es útil para la sociedad. Como es lógico para ello debe contar con un consentimiento social. En síntesis, podemos decir que la creatividad es una actividad mental donde surge una idea o intención que crea un campo nuevo o modifica uno ya existente. Sin embargo, para que esta nueva idea sea considerada debe ser apropiada y útil para la sociedad.

Para Alviz M., Guerrero G., y Posada L. (2017: Cf. Capítulo I) el emprendimiento "es un proceso dinámico de visión, cambio y creación, el cual debe ir acompañado de una alta dosis de energía para crear e implementar nuevas ideas y **soluciones creativas**". En esta definición podemos notar que el fin último del emprendimiento es claramente creativo. Por eso es fundamental que cualquier persona que quiera emprender deba por tanto ser creativa. La creatividad implica un proceso cognitivo que se puede fomentar a través de ciertos hábitos, más la práctica constante de estos. Por ejemplo, aquellas personas que tienen el hábito de la lectura fomentan la capacidad de escritura, porque su cerebro se entrena constantemente. Si quieres ser un emprendedor potencial, acá te brindaremos algunos *tips* para que fomentes la creatividad y tengas ideas geniales para tu emprendimiento.

¿Cómo desarrollar la creatividad?

Todas las personas con cierto grado de cognición son creativas. Sin embargo, es fundamental fomentar la creatividad del mismo modo que lo hacemos con cualquier talento innato; como lo son la danza, la música, la pintura, etc. que deben ser cultivados para ser perfeccionados. Debemos pensar en la creatividad como si se tratase de un músculo más de nuestro cuerpo que puede ser entrenado para mejorar, con miras a ser más eficiente y productivo.

No podemos lapidarnos y decir que no somos creativos puesto que incurriríamos en un error. La creatividad es una habilidad innata al ser humano a la par con la imaginación que se fomenta y desarrolla como cualquier otro talento. Hay muchas formas de desarrollar la creatividad o estimular la misma. Te daremos algunos consejos que te ayudarán para que emprendas tus ideas y alcances el éxito.

Bloqueos creativos:

Para desarrollar la creatividad primero debemos saber cuáles son las principales razones que provocan la falta de la misma. Existen dos: el miedo y el perfeccionismo.

El miedo, inseguridad innecesaria. Cuando somos niños imaginamos y expresamos nuestras ideas de forma espontánea y segura. Esto sucede porque de pequeños no sentimos miedo, no estamos sometidos a los prejuicios impuestos por la sociedad y no nos preocupamos mucho por lo que puedan pensar las demás personas. No nos detenemos a pensar si lo que dijimos es original o no o si causará un gran impacto. Simplemente decimos aquello que de buena manera se nos viene a la mente y no reparamos en críticas o gustos de los demás. Con el tiempo muchos factores nos hacen temer y el miedo se hace parte de nuestras vidas. Por ejemplo, muchas personas a lo mejor querían bailar, pero cuando niños en algún acto escolar sintieron las burlas de algún conocido y por miedo a su opinión no lo hicieron más. Ahora bien, no debemos tener miedo, las críticas siempre existirán, al igual que la inconformidad de algunos sobre lo que se haga. Debemos enfrentar estos sentimientos de temor que complican la fluidez de las ideas. Es probable que algunos que critiquen nuestro trabajo, pero también habrá otros que lo alabarán y darán opiniones positivas. Por eso debemos dejar que se vaya el miedo y saber cuándo una opinión es apropiada, es decir cuando es objetiva la visión del otro. Si vencemos este obstáculo, las ideas fluirán sin limitaciones.

Perfeccionismo, actitud poco recomendada. El perfeccionismo es la otra razón por la cual existe la falta de creatividad. Debemos meternos en la cabeza que "nada es perfecto". La perfección es un término relativo que varía entre las personas, te daré un ejemplo: algunas personas dicen que el bistec perfecto es aquel que está bien cocido y hay otras que por el contrario afirman que es aquel que queda en término medio. Ahora bien ¿Cuál de los dos criterios es cierto? esto no se puede decir, ya que el bistec perfecto varía según la opinión y gusto personal. Lo mismo ocurre con las ideas, así que no divagues tanto en tus ideas; aunque pueden que no sean perfectas, es bueno experimentar y aprender de tus errores, con el tiempo podrás pulir aquellas cosas que tengan que ser corregidas. El miedo por no hacer las cosas que consideras que no son perfectas te limita la creatividad.

Ahora bien, ya reconocimos cuáles son las trabas que provocan los bloqueos creativos, superado esto solo nos queda darte los *tips* para que desarrolles un rico y fructífero pensamiento creativo.

Apunta todas tus ideas. ¡Eureka! Es frecuente que en los momentos menos esperado se nos ocurra una buena idea. Por lo general, muchas personas no anotamos las cosas que se nos viene a la mente, ya sea porque vamos deprisa o no tenemos a mano lápiz o papel y decidimos dejarlo para más tarde. Lamentablemente el cerebro es una cajita limitada que guarda y desecha cosas y durante el sueño elimina aquello que considera menos relevante, esta es la razón por la que olvidamos con facilidad. Por eso te recomendamos que cuando tengas una idea trata de anotarla cuanto antes, ya sea en tu móvil o en un papel o escríbelo tan pronto en un lugar donde puedas verlo. Debemos anotar todas las ideas que vengan a la cabeza, ninguna idea es mala. Puede que esa idea que consideres mala sea clave para un proyecto.

Inspírate y déjate influenciar. No hay nada nuevo bajo el sol, muchas ideas están ya planteadas, solo que se reelaboran y se resignifican. Si lo pensamos detenidamente, nada es original realmente. Cuando decimos que algo es "original", en realidad queremos decir que desconocemos las fuentes de las que se logró ese resultado. Jorge Luis Borges decía: solo hay unos pocos temas universales, pero sobre estos existen infinitas variaciones. Un ejemplo de esto es la obra teatral de *Romeo y Julieta*, quizás la obra más famosa de William Shakespeare. No era una historia completamente original. Antes, en el siglo I a.C, el poeta romano Ovidio había escrito en sus *Metamorfosis* una historia muy parecida: el mito de Píramo y Tiste. Y, a su vez, Ovidio tomó fuentes de culturas orientales antiguas para elaborarlo. No obstante, nadie duda de la genialidad de ambos autores, puesto que cada uno de ellos tomó la idea original y la transformó según su tiempo y le otorgó a la historia nuevos matices. Ya decíamos en la definición de creatividad que era aquello que era nuevo o que ofrecía algo nuevo a un campo ya existente. Ahora vemos por qué la creatividad tiene que ver también en las nuevas propuestas o giros que damos a temas existentes. Es lícito poder tomar de varias fuentes para inspirarnos y a partir de estas hacer surgir una nueva idea. Podemos cotejar proyectos de otras personas y tratar de crear algo nuevo y original a partir de ellos. Esto es creatividad y no plagio.

Trabaja en algo que te apasione. Si queremos crear contenido interesante o tener buenas ideas no es necesario ser un experto para hacerlo, solo necesitamos hacer algo que nos apasione. Si trabajamos en algo que no nos atrae realmente, será difícil tener ideas concretas, ya que la motivación es equivalente a 0. En cambio, si trabajamos en temas que nos gustan, nos sentiremos motivados y con energía. Las ideas vendrán solas.

Haz de la creatividad un hábito. No podemos esperar a estar motivados para poder trabajar, este es un sentimiento inconstante y caprichoso que va y viene. Si esperamos a trabajar con pura motivación, estaremos condenados al bloqueo mental eterno. Debemos crear un hábito. Mientras más obliguemos a nuestro cerebro a ser creativo, menos tiempo nos preguntaremos cómo ser creativos. Una buena práctica para desarrollar la creatividad es un **diario de creatividad.** Tomamos cualquier hora del día (preferiblemente en la que estemos más relajados) y nos obligamos a escribir ideas, no importa la calidad, solo apuntaremos. Con este ejercicio pondremos a entrenar toda la materia gris y cuando llegue el momento de pensar en algo creativo, las ideas fluirán con más facilidad.

Lee y nútrete de información. Sabemos que para desarrollar la creatividad necesitamos nutrirnos de información constantemente. Debemos leer contenidos de buenos autores, no solo leer noticias y papeles de oficina. Hay que buscar libros de ficción, fantasía, policiales, misterio o románticos, etc. La literatura nos permite incursionar en mundos diferentes y contemplar ideas que no habíamos pensado. Cuando leemos dejamos volar la imaginación. Esta es una excelente fuente de inspiración y es una de las formas más eficaces para fomentar y cultivar la creatividad.

Suma y resta la creatividad. Cuando decimos sumar y restar la creatividad, hablamos de uno de los métodos descritos por el *influencer* y emprendedor James Altucher (2020) en uno de sus *podcasts*: para él la mejor forma de ser productivos en ideas está en la suma y la resta de las mismas, esto quiere decir que si tenemos una idea, podemos sacar de esta otras diez más. Luego de las diez obtenidas crearemos diez más por cada una. De este modo, obtendremos una gran cantidad de ideas. Al tener esta sumatoria de ideas escritas haremos una sustracción de las mismas, este será el filtro que nos ayudará a elegir de las ideas planteadas cuáles son más factibles. En la resta de ideas seremos objetivos y nos centraremos en la razón por la cuál una idea no es potencial y la eliminaremos. En resumen, debemos sacar varias ideas a partir de una y por un proceso de razonamiento reducirlas y dejar las ideas con más probabilidades de poder cumplirse.

Vivir nuevas experiencias. Para estimular nuestra imaginación y creatividad, lo mejor que podemos hacer es salir y exponernos a situaciones que nunca antes vivimos. Una aventura nueva estimula todo el ser y nos permite imaginar grandes cosas. El deporte de aventura o extremo genera altas dosis de adrenalina que pone a nuestro organismo alerta como si nos encontráramos en situación de riesgo, esto estimulará la química del cerebro y habrá una respuesta de ideas ante un riesgo eminente; es decir el cuerpo tendrá la sensación de peligro y buscará soluciones para enfrentarlo. Otra posibilidad de fomentar la creatividad es a través de los viajes, cuando conocemos ciudades o países diferentes e interactuamos con otras culturas aprendemos nuevas formas de afrontar situaciones. Te aseguramos que cuando viajas las ideas fluyen más, encerrados en casa recluimos en parte a la mente.

Observa el mundo de diferentes perspectivas. Es sumamente beneficioso poder plantearnos un problema desde diferentes puntos de vista. De cada perspectiva podemos inquirir una solución innovadora del asunto. Es decir, debemos cuestionarnos el mismo problema desde diferentes ángulos y así se nos hará más fácil hallar una solución óptima y creativa según la variedad de opciones que nos pudimos haber planteado.

Relájate, descansa y duerme. Cuando dormimos reducimos el estrés acumulado y se nos hará mucho más facial obtener información del subconsciente, lo que nos dará una fácil conexión con las ideas. Cuando decimos relajarnos y descansar lo tomaremos de forma literal, no haremos nada que nos agobie. No vamos a tener ideas brillantes todo el tiempo, debemos tener nuestro tiempo de descanso y relajación no somos un robot que puede vivir sin descansar. Después de un buen descanso y de estar en un estado de relajación, las ideas estarán disponibles cuando las vayamos a buscar, el estrés genera bloqueos mentales. Si queremos mantener la creatividad y evitar los cercos mentales, tomémonos un *break,* es decir un receso, de vez en cuando.

Haz ejercicio y mantente en movimiento. No es recomendable sentarse todo el día a imaginar o formular ideas. Debemos salir un rato a hacer ejercicios o a caminar. Cuando hacemos ejercicio el riego sanguíneo aumenta y envía una gran cantidad de sangre al cerebro, esto lo oxigena y hace que este trabaje de manera más eficiente y en consecuencia podamos pensar con claridad y así se nos facilita la creación ideas.

Sigue estos *tips* que te ofrecemos y notarás el cambio en poco tiempo. La falta de creatividad ya no será un problema para ti, ahora tu problema será cuál idea comenzar a desarrollar primero.

Creatividad y emprendimiento, la receta del éxito

Si queremos ser unos emprendedores exitosos, la creatividad será el requisito esencial para lograrlo. Para emprender es necesaria esa idea primordial que será la semilla que nos dará frutos en un futuro. Como hemos visto, no cabe duda de que la creatividad es absolutamente indispensable si queremos tener éxito en el camino del emprendimiento. Para aplicar la creatividad en el área que deseamos emprender, debemos saber, entre otras cosas, en qué consiste el proceso creativo y cómo aplicarlo. En su obra, Desarrollo de la Creatividad, Vindas (1999:42) hace referencia a la teoría expuesta por Graham Wallas sobre el proceso creativo, definido como el procedimiento que utilizamos para aplicar la creatividad y la generación de ideas entorno a un problema o un reto que nos hayamos planteado. Este consta de cuatro fases, en primer lugar, se escoge un problema o asunto a resolver, luego investigamos exhaustivamente sobre él y tras conocer todos los pormenores del asunto, descansamos y esperamos que las ideas surjan de forma espontánea. Al tener las ideas producto de estas fases, nos planteamos la última etapa que es donde comprobaremos si las ideas y soluciones que surgieron son factibles para la resolución del problema. Este es el método excelente para dar inicio a la creatividad. Sin embargo, también es fundamental seguir al pie de la letra los consejos que te hemos dado aquí. Recuerda **anotar todas las ideas** que tengas, así como **buscar la inspiración necesaria** en proyectos afines a los tuyos, puede que tu proyecto traiga un nuevo matiz a otros ya creados. No olvides que **la creatividad se educa**, debes leer literatura, abrirá tus posibilidades imaginativas. Debes **tener experiencias nuevas**, viajes o aventuras, tu cuerpo descubrirá que hay muchas más posibilidades de reacción y si conoces nuevas culturas podrás ver las cosas siempre desde varias perspectivas. **Créate hábitos, genera ideas y haz ejercicio**, esto oxigenará tu cerebro y podrás pensar claramente. Frecuenta museos, teatros, cines, conciertos, lee mucho y disfruta de todas las formas de expresión artística. **No olvides descansar**, una mente despejada podrá ver las cosas más objetivamente. **Siempre suma ideas y descarta por razonamiento lógico aquellas que no son posibles**. Sé un emprendedor creativo y **observa un problema de diferentes ángulos**. Encontrarás las soluciones diferentes. Es probable que puedas ofrecer un producto o un servicio diferente a los ya existentes, original y competitivo. Por último, considérate una persona intelectual, dale importancia a tu independencia y autonomía, sé alguien productivo, ten grandes aspiraciones e interésate en todo. Considérate un emprendedor creativo y comienza a plantearte un problema, búscale una solución creativa e innovadora, tal vez esta sea tu oportunidad de comenzar un gran negocio.

Considera estas apreciaciones:

- Lee.
- Lleva una libreta siempre contigo.
- Visualiza.
- Dale un descanso a tu mente.
- Mantente alerta.
- Sé ordenado.
- Rodéate de creativos.
- Convierte tus obligaciones en un juego.
- Comparte logros e ideas.
- No te desesperes.
- Pinta las paredes de azul.
- Ve más programas de comedia.
- Sé feliz.
- Prepárate para improvisar.
- Piensa como niño.
- Debate.
- Trabaja con extraños.
- Toma más descansos.
- Acepta tus limitaciones.
- Hacer ejercicio.
- Escucha música.
- Colabora.
- Desconectate.
- Busca mentores.
- Checa otras industrias.
- Busca en el pasado y el futuro.
- Pensar como diferentes personas.
- No descartes.
- Apunta todas las ideas.
- Roba como un ladrón de guante blanco.
- Dedícate a algo que te apasione.
- Crea el hábito de desarrollar la creatividad.
- Descubre tu momento más creative.

Quien se quedo con el negocio

- Rodéate de los mejores.
- Aplica las matemáticas de la creatividad.
- Vive nuevas experiencias.
- Conexión de ideas.
- Duerme.
- Relájate y descansa.
- Plantéate nuevos retos.
- Evita la adicción al trabajo.
- Persiste y vencerás.
- Apunta las ideas.
- Sal de casa.
- Libros para colorear.
- Menos es más que sea simple.
- Aléjate de las pantallas.
- Experimenta.
- No dejes el lápiz en casa.
- No vayas por lo fácil.
- Mantente alerta.
- No olvides ser ordenado.
- Diviértete y comparte ideas.
- Comparte tus logros.
- Comparte, pero no compares.
- No desesperes, sigue intentándolo.
- Y sobre todo... ¡no dejes de aprender!
- Explora lo desconocido.
- Escribe, dibuja o graba por las mañanas.
- Prepara un diario.
- Haz una lluvia de ideas.
- Ve a tu lugar Zen.
- Haz una lista de 100.
- Encuentra tu elemento "inspirador".
- Haz una "tabla de visiones".
- Visualiza.
- Asume el papel.
- Copia, copia, copia

- Trabaja siempre con gente con más talento que tú.
- Descarta lo obvio.
- Aléjate de las pantallas.
- ¡No esperes, mejor avanza!
- Evita las tendencias.
- Fomenta una rutina.
- Permítete ser diferente, incluso si no se acepta inmediatamente.
- Tómate algo de tiempo cada día para ser creativo.
- Inscríbete en una clase de improvisación para mejorar tu.
- creatividad.
- Sé curioso.
- Obtén suficiente descanso, comida y agua.
- Absorbe una diversa gama de influencia, incluyendo aquellas que no estén relacionadas a tu campo.
- Experimenta libremente.
- No juzgues a las ideas durante una lluvia de ideas.
- Mezcla y combina viejas ideas.
- Cambia tu entorno cuando te sientas confinado o estresado.
- Trabaja con otras personas en los proyectos.
- Prueba la escritura libre o el dibujo.
- Tómate el tiempo para trabajar en otros proyectos.
- Algunas veces, caminar alrededor ayuda también. Trata de usar todos tus sentidos para obtener inspiración para ideas creativas.
- La creatividad de cada persona es diferente. Trata de identificar tus áreas de fortaleza (la selección de palabras, crear un ambiente, organizar a las personas, etc.).

CAPÍTULO V
Ambición

Por lo general, el término ambición se define como el deseo ardiente de alcanzar alguna cosa, de lograr una meta. Es probable que en alguna oportunidad de nuestras vidas escucháramos a alguien decir que tal persona es ambiciosa y muchas veces quizá lo hayamos asociado como una indicación negativa, como si de un defecto se tratara. Sin embargo, contrario a lo que muchos pueden pensar, la ambición sirve de vehículo para alcanzar nuestras metas.

Desde tiempos antiguos nos viene la idea acerca de la ambición como una cualidad negativa, puesto que son muchas las historias que nos advertían en sus moralejas que ser ambicioso es malo o al menos eso percibíamos de ellas. No obstante, el economista Nicolás Litvinoff, en un intento por hacer una desambiguación del término ambición, nos ofrece un interesante análisis de la historia del rey Midas, en su columna en el diario digital La Nación. El artículo nos narra brevemente la historia del rey Midas: este era un hombre con una gran fortuna que gobernaba el antiguo país de Frigia, poseía todo cuanto puede desear cualquier hombre en la tierra: innumerables riquezas, un hermoso castillo ornamentado y una bella hija llamada Zoe. Sin embargo, su mayor felicidad era contar sus monedas de oro día tras día y arrojárselas encima como si de agua se tratase. Cierto día, un soldado del dios Dioniso, llamado Sileno, retornaba con su ejército de una batalla y al pasar embebido cerca del castillo de Midas se quedó dormido en unos de sus jardines. Los sirvientes de Midas lo encontraron, capturaron y así lo llevaron frente al rey. Sileno ofreció al rey Midas historias maravillosas sobre una tierra fantástica llamada Atlántida y tales anécdotas hicieron que el rey olvidara la negligencia del soldado y le otorgara el permiso de volver con su ejército, además de ser agasajado durante cinco días. Por la bondad expresada por Midas hacia su soldado, el dios Dionisio fue hasta su castillo y le ofreció al rey un deseo y este sin pensarlo mucho pidió convertir en oro todo lo que tocara y esto le fue concedido. Malamente su deseo le trajo desgracias, ciertamente todo lo que tocaba se convertía en oro, incluso lo elemental para subsistir, sus alimentos, el agua, vestidos. El rey lloraba amargamente su desgracia y su hermosa hija Zoe conmovida fue a su encuentro para abrazarlo y consolarlo, lo que trajo una desgracia mayor. Su amada hija fue convertida en estatua de oro y permaneció un tiempo en esta condición. He aquí el final del relato, este es el momento en el que Litvinoff nos interpela sobre la interpretación de la historia y nos pregunta si fue ambición o codicia lo condujo a Midas a la desgracia. La respuesta, en efecto, es la codicia y no la ambición, puesto que la primera es el deseo vehemente de obtener riquezas, sin importarnos si ocasionamos daños durante nuestro anhelo. La codicia es sinónimo de avaricia y es un pecado capital que nada tiene que ver con la ambición. Ahora bien, el economista en este análisis busca desenmascarar la falsa moral otorgada a la ambición que impide que muchas personas puedan superarse a sí misma en referencia a sus metas personales. Para Litvinoff, "la ambición bien entendida tiene que ver con el deseo propio de superación, con la imposición de metas y el logro de objetivos".

Quien se quedo con el negocio

Como hemos visto, la ambición tiene que ver con la necesidad y el deseo de ser mejores como personas y no exactamente con la necesidad de acumular riquezas. Podemos ambicionar tener una carrera exitosa, un gran amor, una casa más grande, un mejor empleo, una vida independiente, un mejor cuerpo, etc. No obstante, debemos señalar que, aunque la ambición no debe ser considerada un defecto, debe ser, como todo, asumida en su justa medida. Con esto queremos indicar que cada hombre puede triunfar, siempre que su meta sea razonable. Un ejemplo sobre la ambición desmedida está ilustrado en el libro *La Dicha de Vivir*, de Lord Avebury (1941:135), allí se dice que Alejandro Magno es el ejemplo más prototípico de este tipo de ambición, puesto que aquel en lugar de alegrarse por el triunfo de su padre Felipe, se molestaba de que no quedasen territorios posibles de conquistar por él. Asimismo, le molestaba ver el cielo estrellado por imaginar la cantidad de territorios que no podía conquistar. Avebury dice "una ambición de tal naturaleza está fatalmente condenada a no cumplirse nunca". Acá estamos frente a una exaltación de la personalidad que no se preocupa por la felicidad y el triunfo ajeno, todo lo contrario, esta persona solo se preocupa por sí misma. Este tipo de ambición no conduce a ningún lado, está enfocada en beneficio propio y no en el conjunto. No podemos aspirar a lo mejor si no somos los mejores.

Ahora bien, nos queda decir que la ambición es realmente importante en el proceso de superación personal. Una persona que no ambicione nada, lamentablemente no tendrá ninguna posibilidad de progreso afectivo, espiritual, económico, etc. vivirá en la mediocridad y en el conformismo, para él será suficiente lo poco que obtenga sin conseguir mayor esfuerzo. No podemos ser así, bajo ningún concepto. Muchas naciones se encuentran sumidas en fracasos económicos y sociales porque sus gobernantes crearon aversión por la ambición y el conjunto de sus ciudadanos se conformaron con lo poco que se les dio. Esto ha significado el fracaso en conjunto y la abolición de la calidad de vida de todos los seres queridos: hijos, hermanos, padres, amigos, etc. La ambición es fundamental para superarnos a nosotros mismos y motivar a los demás. Si nos hemos propuesto emprender en cualquier ámbito, quiere decir que anhelamos libertad e independencia, lo que en consecuencia nos conduce a una mejor calidad de vida, puesto que trabajamos para realizar nuestras metas más queridas. La ambición por cumplir nuestros sueños nos hace aspirar siempre a lo mejor, no solo en beneficio nuestro sino del conjunto. Este es el motivo por el que dedicamos unas líneas de este libro para dar unos *tips* sobre cómo ser una persona ambiciosa y poder alcanzar las mayores aspiraciones.

Ser ambicioso

La ambición es una actitud que se tiene frente a la vida. Tiene que ver mucho con la forma en la que vemos la vida y cómo deseamos mejorarla día tras día. Muchas personas cuando son niños dicen que quieren vivir en la playa, tener un auto deportivo, viajar a la luna, ser actriz, etc. Los sueños son la fuente primordial de la ambición. Todos somos soñadores, aquí te diremos como puedes alcanzar tus metas si tienes grandes aspiraciones.

Busca tu motivación. Es necesario para ser ambicioso tener algo que nos motive. Debemos determinar cuál es este motivo. Muchas personas lo hacen por amor propio, por sentir que pueden alcanzar sus sueños y pueden vivir de la forma que imaginaron. Otras personas desean mejorar por amor a sus hijos, padres, parejas, etc. o por altruismo, por mejorar la vida en común. Si tenemos presente en nuestra mente aquello que nos motiva a ser mejores, estamos un paso más cerca de alcanzar nuestros objetivos.

Reafírmate de forma positiva. Debemos tener un decálogo personal sobre las virtudes que poseemos. Por ejemplo, soy optimista, proactivo, respetuoso, talentoso, honesto, responsable, etc. Esto nos ayudará a ser más confiados y podremos resolver cualquier inconveniente durante el trayecto a emprender.

Pensar en las ganancias y no en las pérdidas. Al momento de emprender debemos enfocarnos en lo que queremos alcanzar con nuestro proyecto. Si nos quedamos pensando en las posibilidades de fracaso, esto no nos permitirá pensar claramente pues estaremos llenos de miedos, ansiedades y estrés. Un ejemplo muy común de esta situación está en el ejercicio corporal. Muchas personas no disfrutan su entrenamiento, ya que piensan que si dejan de correr un día engordarán y por tanto dejan de ejercitarse correctamente, en lugar de pensar en que si continúan su rutina con disciplina tendrán una figura deseada. Es decir, si nos detenemos a pensar en los inconvenientes antes que estos surjan, esto nos restará tranquilidad y nos hará divagar y desenfocarnos de nuestras metas.

Ten una agenda. Resulta curioso, pero siempre que anotamos en una agenda lo que debemos hacer, nos sentimos en la obligación de hacerlo. Es como si hubiéramos concertado una cita para ello.

Quien se quedo con el negocio

Así que todas las cosas que te ayuden a alcanzar tus sueños deben estar apuntadas en una libreta como una cita. Esto además de permitirnos cumplir con las metas planteadas, nos obliga a ser responsables y nos ayuda a distribuir nuestro tiempo. Así podremos tener tiempo libre sin necesidad de sacrificar nuestros compromisos profesionales.

No temer al fracaso. Debemos recordar que todo es ensayo y error. No debemos desanimarnos si en el trayecto de nuestro emprendimiento tenemos días malos. De los errores se aprende y todo conocimiento nos hará mejores. Si tenemos un error, aprendemos de él y nos levantamos. No debemos dejar que nuestras aspiraciones se debiliten por un fracaso, el camino al éxito no es color de rosa. Hay que asumir que tendremos algunos inconvenientes a lo largo del camino y debemos tener la entereza para asumirlos y superarlos.

No conformarnos. Muchas personas se obsesionan con los pequeños logros y no desean ir más allá. No debemos dejarnos deslumbrar por los éxitos obtenidos, antes bien debemos tomarlos como fuente y motivación para alcanzar otros más. Por ejemplo, puede que alcancemos a adquirir una casa cómoda, pero si anhelamos tener una familia numerosa debemos dirigir nuestra mente a tener una casa más apropiada para una familia grande, por lo que guiaremos nuestros esfuerzos para alcanzar esa meta y no tener una familia numerosa en un espacio pequeño e incómodo por el hecho de habernos conformado con esto.

Establecer metas cuantificables. Al igual que lo hicimos con la agenda para cumplir nuestras metas, también debemos anotar en la agenda metas cuantificables. Esto quiere decir que cada meta debe ser cuantificable. Por ejemplo, si decido hacer panecillos para vender, debemos plantearlo así: hoy venderé cincuenta panecillos y visitaré treinta locales. Medir nos hará tener metas más factibles por cumplir.

Crear estrategias para cumplir las metas. Luego de que establecemos las metas, debemos crear una especie de cronograma para cumplirla. Con esto queremos decir, si nuestra meta fue vender cincuenta panecillos en un día, cuáles serán las rutas a distribuir y los posibles compradores que visitaremos, por sectores, gustos, etc. también si haremos la publicidad en redes, en qué momento están más activas las redes sociales y haremos el marketing de nuestro producto. Al tener estrategias, son mayores las posibilidades de que el producto ofrecido sea adquirido.

Establece metas realistas. Debemos plantearnos metas que estén dentro de nuestras posibilidades. No podemos ofrecer algo de lo cual no estamos seguros que podamos garantizar. Si iniciamos una empresa de galletas y nuestros equipos tienen un límite de demanda diaria, debemos acoplarnos a este para cumplir con las expectativas que ofrecemos a nuestros clientes. También debemos saber que para iniciar cualquier emprendimiento debemos hacerlo por pasos y lo primero es buscar financiamiento para empezar, la competencia siempre existirá y debemos también considerarla para organizar nuestras estrategias de mercadeo. No podemos ambicionar algo si no calibramos que tan ajustado a la realidad está nuestro proyecto.

Metas a corto y largo plazo. Un proyecto grande debe ser planteado a largo plazo, pero mientras lo cumplimos es necesario que nos ideemos metas a corto plazo. Esto con el fin de mantenernos motivados y encausados en el proyecto final. Además, las pequeñas metas alcanzadas serán como un escalón para el ascenso y nos llenarán de dicha. Si nuestro proyecto final es montar un café, empezaremos por buscar un local, luego los equipos necesarios para ambientarlo, luego los refrigerios a ofrecer y así hasta tener consolidado el café y luego, con el tiempo, podremos ir más allá y crear sucursales, etc. siempre debemos aspirar más y consolidar nuestros sueños.

Anímate. Siempre que cumplamos una meta debemos animarnos. Nosotros sabemos el tiempo y la dedicación que empleamos en nuestras metas. Debemos trabajar por ellas fuertemente para alcanzarlas. Al culminar una meta podemos motivarnos y decir: si logro esta meta podré irme unos días de vacaciones. También podré comprarme los zapatos que quiero, comerme el plato que me gusta, etc., y de esta manera nos motivamos y continuamos con ánimo nuestras aspiraciones.

Ambición y emprendimiento

Todo emprendedor inevitablemente debe ser ambicioso, está es una condición *sine qua non*. Culturalmente se nos ha hecho creer que ser ambicioso es malo y debemos desmitificar esto. La ambición nos conduce a la superación personal y a su vez a la superación colectiva. Es importante que existan emprendedores ambiciosos, un emprendimiento no es solo un interés personal sino también colectivo. Cuando emprendemos ayudamos a otras personas a superarse también. Este es el progreso económico y social de muchas naciones. Los emprendedores son el motor económico de un país, ellos crean empresas para satisfacer las necesidades elementales de las personas: alimentos, vestidos, medicamentos, etc. También pagan impuestos, generan empleos, mueven la economía y propician la estabilidad del conjunto. La falta de ambición debilita el desarrollo social y económico de las naciones. Carlos Rey, director de la cátedra de Dirección por misiones y gobierno corporativo de la UIC Barcelona, en el *magazine* digital Sumando Historias, en el apartado Voces para Entendernos, hace referencia al "emprendedor, la ambición y el sentido de misión", para ello cuenta la anécdota de uno de los emprendedores más relevantes de nuestra época: Steve Jobs. Según cuenta, Jobs motivó a John Sculley, entonces presidente de Pepsico, a sumarse a Apple tras hacerle la siguiente pregunta: quieres vender toda la vida agua azucarada o quieres cambiar la vida de las personas. No hay duda de que a Jobs lo movía una fuerte ambición, pero él no estaba motivado por ser el mejor del mundo, él quería hacer las cosas lo mejor posible para cambiar el mundo y optimizar la vida de sus semejantes. Según Rey, un estudio realizado a 2700 directivos de 65 empresas, por la universidad de la que es miembro, determinó que el sentido de misión en la ambición de Jobs no es un caso aislado, sino que es la que ha determinado el éxito y el fracaso de las compañías. El sentido de misión es el que permite "trazarse metas concretas, sobreponerse a los fracasos y volver a empezar cuando sea necesario". En definitiva, la ambición respaldada por el sentido de misión, permite llegar a donde otros no han llegado, puesto que se piensa en el bienestar colectivo. Ahora bien, ya sabemos que la ambición es fundamental para emprender y que nuestros proyectos deben ir guiados para mejorar no solo nuestra calidad de vida sino la de nuestros pares. Esto es significativo y no hay que dejarlo de lado. También recuerda seguir nuestros consejos para ser un emprendedor ambicioso y alcanzar el éxito de tus metas. **Busca motivación**, ya señalamos que los emprendedores ambiciosos se motivan para ser mejores y hacer un mundo mejor para todos. **Reafirmarte con pensamientos positivos**, esto mantendrá tu autoestima y el impulso para continuar en tus proyectos. **Debes ver las cosas positivas siempre**, lo negativo bloquéalo. **Todo debe estar anotado en una agenda**, si las metas son cuantificables son más fáciles de cumplir y sirven de escalafón para consolidar tus objetivos. **No seas conformista**, que nunca sea suficiente, siempre debes tener el deseo de aumentar tus aspiraciones, siempre y cuando estas sean razonables. **Crea pequeñas metas**, siempre que las cumplas te sentirás motivado. **No te olvides de premiarte y animarte**, cada vez que logres algo puedes recompensarte con algo que sea de tu agrado y así tu motivación se mantendrá.

Considera estas apreciaciones:

- Ve las aspiraciones como un camino para crecer ante las dificultades.
- Considera los obstáculos como una manera de superarse
- Se creativo.
- Confecciona una lista con las metas ambicionadas.
- Haz tres columnas: una con los "pro", otra con los "contra" para conseguir cada una y otra con las personas involucradas y afectadas.
- Si un proyecto requiere un esfuerzo excesivo de tiempo, energías o renuncias varias, analizar qué beneficios se recibe a cambio y si se justifica.
- Preguntate con sinceridad hasta dónde se quiere llegar y cómo compatibilizar esa ambición con otros aspectos de la vida.
- Adoptar la mentalidad correcta
- Averigua tu motivación.
- Debes decirte a ti mismo afirmaciones positivas.
- Concéntrate en lo que puedes ganar en vez de en lo que puedes perder.
- Elimina de tu vocabulario la frase "No tengo ganas".
- Usa la planificación "si…, entonces…" para pensar en las cosas que tienes que hacer.
- Piensa en el fracaso como un proceso de eliminación.
- Disfruta de tus éxitos, pero no te obsesiones con ellos.
- Establece algunas metas
- Establece metas en términos que se puedan medir.
- Crea una estrategia para lograr una meta específica.
- Establece metas difíciles, pero realistas.
- Debes tener metas a corto plazo y a largo plazo.

Quien se quedo con el negocio

- Planifica otra meta inmediatamente después de lograr una.
- Debes darte una recompensa concreta cada vez que cumplas una meta.
- Mantente organizado. Es más sencillo tener las metas en la cabeza cuando el desorden de tu habitación o las cajas de libros que aún no has clasificado te impiden hacer las cosas.
- Haz listas. Pégalas al armazón de la cama o en la pared del baño (en cualquier lugar en que las veas con toda seguridad

CAPITULO VI
Paciencia y tolerancia

De ante mano sabemos que los proyectos que nos proponemos no se dan de forma inmediata y que son muchos los inconvenientes que se pueden presentar durante el proceso de ejecución. Sin embargo, para poder superar estos percances y llevarlos a cabo con satisfacción es fundamental que pongamos en práctica ciertos valores tales como la paciencia y la tolerancia. La paciencia es una virtud indispensable para poder conseguir lo que anhelamos, su significado tiene dos acepciones, la primera se refiera a la fortaleza y entereza con la que asumimos las adversidades que se presentan sin quejarnos u ofendernos y la segunda tiene que ver con la actitud que adoptamos ante la espera, es decir la capacidad que tenemos para mantenernos en calma durante esa "espera". Asimismo, la tolerancia es un valor fundamental en el camino hacia el emprendimiento, esta tiene que ver con la capacidad que tenemos de respetar las opiniones y actitudes de los demás, para así no desistir y dejar todo ante cualquier desacuerdo que se nos pueda presentar. Aunque muchos hemos escuchado ambos términos en diferentes contextos, incluso usados indistintamente uno respecto al otro, somos pocos quienes lo ponemos en práctica. En este apartado profundizaremos más sobre ambos valores y daremos los *tips* necesarios para fortalecerlos y alcanzar el éxito en nuestros propósitos.

Paciencia

Todos en algún momento de nuestras vidas hemos sido animados a ser pacientes y entendimos por esto hay que tener una actitud tranquila que ante la espera, sin apresurar los eventos, porque muchos de los sucesos que nos ocurren escapan de nuestras manos. Ciertamente, esto es así. La etimología de la palabra paciencia viene del verbo latino *patior,* que significa sufrir y la palabra paciente deriva de su participio *patiens* que hace referencia al que sufre, soporta o experimenta un proceso o una acción de algo o alguien ajeno. Aunque el término paciente es usado normalmente en ámbitos hospitalarios, ser paciente no solo tiene que ver con resistir una enfermedad, sino también con soportar todo aquello que nos influye desde el exterior como acciones, palabras, etc.

Ahora bien, no cabe duda de que la práctica de la paciencia tiene que ver con llevar un cierto estilo de vida filosófico. La persona que es paciente posee sabiduría, una persona que carece de paciencia puede caer víctima de sus pasiones y no actuar acorde con la razón. Esta práctica parece ser en esencia lo que promulgaba la filosofía estoica como el auto dominio. Para los filósofos de la *Stoa*, la clave del éxito de una vida feliz radica en no contravenir las circunstancias ajenas a nosotros. Si bien es cierto, no podemos controlar lo que nos pasa en la vida, pero si podemos controlar nuestra percepción sobre lo que nos acontece. Esta visión, sobre el modo de vida feliz de los estoicos, se asemeja a nuestra visión actual de la paciencia. El hombre que es paciente puede sobrellevar cualquier situación que sea ajena a su voluntad con entereza y calma. Esto es fundamental al momento de emprender, porque el devenir y el azar no dependen de nosotros sino de causas externas y saber reaccionar a estas es fundamental para alcanzar el éxito en nuestra vida. Es importante señalar que la paciencia otorga al emprendedor ciertos beneficios, entre estos la capacidad de análisis, pues al estar en un estado de tranquilidad podemos meditar sobre las situaciones y determinar los pros y contras de nuestros proyectos. Estar en calma nos ayuda a pensar objetivamente sobre los asuntos. También, nos permite enfrentar los acontecimientos inesperados, cuando los hechos toman un giro imprevisto la paciencia entra en acción. Tomar las cosas con calma nos hará resolver las situaciones de forma inteligente. Además, practicar la paciencia incrementa la capacidad de aprendizaje que requerimos para alcanzar ciertos objetivos que necesitan de tiempo y esfuerzo. Por último, nos ubica en el momento actual, tener paciencia nos permite estar al cien por ciento en cada actividad que realizamos y nos hace conscientes de cada paso que damos para alcanzar nuestros planes.

Ahora bien, la paciencia como toda virtud se cultiva, por eso aquí te daremos unos consejos para que la pongas en práctica y alcances tus metas con éxito y mientras que las contrariedades que sucedan de ahora en adelante sean para ti más fácil de sobrellevar.

¿Cómo ser paciente?

Puede que en algún momento lleguemos a sentir que queremos desistir en lo que nos hemos propuesto, bien sea porque no da frutos o es muy difícil continuar por los inconvenientes que se pueden presentar. Sin embargo, debemos tener paciencia, esta es necesaria y esencial cuando queremos emprender cualquier actividad. Debemos ser consciente de que nuestras metas no se lograrán de la noche a la mañana y que estas tomarán su tiempo para ser cumplidas. Existen métodos y consejos para practicar la paciencia, estos son:

Reconocer lo que te causa la "impaciencia". Lo primero que debemos identificar es la causa que provoca la sensación de impaciencia y por qué nos crea angustia esa determinada situación. Para ello debemos pensar detenidamente sobre ello y buscar la solución. Si lo que nos molesta es una acción que podemos cambiar, la haremos manejable y esto evitará que nos estresemos. Conocer aquellas cosas que nos impacientan nos hará tomar una acción preventiva para solucionar, evitar o eliminar la fuente del estrés.

Vive en el presente. La impaciencia llega cuando pensamos acerca del futuro y comenzamos a especular sobre el mismo. Esto hace que surjan preguntas angustiantes que provocan incertidumbre sobre lo que pueda ocurrir o no. Para evitar estas ansias, debemos mantenernos enfocados en el aquí y ahora. Esto nos hará dedicarnos al cien por ciento en lo que nos proyectamos, sin divagar sobre cosas inexistentes. Las respuestas a nuestras incógnitas solo se resuelven en la medida que trabajamos y nos enfocamos en lo inmediato.

Ser consciente de que no puedes controlarlo todo. Las causas externas, el azar y el devenir no son controlables por nosotros. Es una pérdida de tiempo tratar de luchar contra la corriente. Esto nos desgastará y nos hará infelices. Por el contrario, podemos controlar nuestra actitud antes lo hechos que nos acontecen, tomar las cosas con calma. Reaccionar con sabiduría nos brindará las herramientas adecuadas para soportar las dificultades y podremos responder de forma adecuada a los eventos que no dependen de nosotros.

Puede que las cosas no salgan como las tienes en mente. Debemos tener en mente que algunas veces los eventos pueden volcarse y dar un giro inesperado. Si consideramos esto podemos estar preparados ante cualquier novedad que surja y no lamentarnos por ello. Siempre debemos tener expectativas altas, pero ser conscientes que nos enfrentamos a grandes retos y así como grandes son nuestras aspiraciones también grandes pueden ser nuestras caídas. Saber esto no hará sobreponernos más rápido de los percances y poder continuar con nuestros proyectos pese a las adversidades.

No mires mucho los problemas y enfócate en las posibles soluciones. Obsesionarnos con los problemas nos evitará avanzar y nos mantendrá en un círculo permanente de estancamiento. Antes bien, debemos ver la adecuada solución y esto solo se logra con paciencia, el tiempo y la reflexión calmada nos dará las respuestas que esperamos para solventar los inconvenientes.

No te apures. En algunos momentos nos obsesionamos por alcanzar una meta de forma inmediata y hacemos sacrificios para cumplirla en el menor tiempo posible, nos esforzamos tiempo completo: horas de sueño, momentos familiares, diversiones, etc. Sin embargo, muchas veces, pese a los sacrificios hechos, nuestras metas no logran ser concretadas a cabalidad. Esto ocurre porque nos apresuramos de forma innecesaria. Es fundamental no hacer todo con agobio, las cosas que se aceleran salen mal. Esto es básico, así como cuando niños dejábamos de hacer la tarea hasta el último minuto y no quedaba bien por hacerla con impaciencia y rapidez, así con la misma dinámica funcionan las diferentes tareas que nos proponemos en la vida. Si queremos que las cosas nos salgan bien debemos hacerla con detenimiento. Experimentar paso a paso nuestros proyectos nos llenará de aprendizajes y el resultado será satisfactorio a la larga.

Aprende a ver el lado positivo de las cosas. Debemos encontrar el lado positivo de las situaciones estresantes y desalentadoras. Si solo nos concentramos en lo negativo de cualquier situación que vivimos, ese pensamiento nos agobiará y solo traerá impaciencia e infelicidad a nuestro día a día. Inevitablemente, siempre existirán cosas que nos puedan molestar, pero es nuestro deber consolarnos y reponernos. Muchas veces nos ahogamos en un vaso de agua, debemos medir nuestros problemas desde afuera y observar que tan graves son, muchas veces nos daremos cuenta que no son tan difíciles como parecen. El pensamiento positivo nos hará salir de la desdicha.

No te alteres por pequeñeces. No cabe duda de que hay ciertas situaciones que son insignificantes, pero que pueden hacernos molestar mucho. Sin embargo, no debemos dejarnos llevar por la ira nunca, menos en situaciones intrascendentes. Siempre habrá personas o actitudes que nos pueden sacar de quicio, pero nuestra reacción ante estos debe ser controlable. Si nos dejamos enfadar, gastaremos tiempo útil en nimiedades. Debemos ignorar estas situaciones y continuar enfocados en nuestros proyectos. Si no les prestamos atención, no podrán afectarnos.

Aprende a esperar. Básicamente ser paciente es saber esperar. Esto es esencial: ser tolerantes con nuestro entorno y no tratar de interferir en lo que no podemos naturalmente. Es probable que no hallemos una solución inmediata a nuestros inconvenientes, así que mientras la encontramos, solo debemos tolerar y perseverar lo suficiente. La razón nos dará las respuestas.

Saber en cuáles momentos realmente es necesario ser paciente. Puede que suene contradictorio, pero la paciencia también carece de un límite. No quiere decir que agotaremos la paciencia y actuaremos erráticamente, sino que debemos saber que no por ser pacientes seremos tomados del pelo. Ser pacientes nos conducirá a tomar las decisiones correctas, porque durante la espera seremos árbitros de nuestras vidas y determinaremos qué debe continuar y qué debe acabar.

Respira profundo. Si notamos señales de impaciencia, tomémonos un tiempo y hagamos cinco respiraciones profundas y largas, después de terminarlas notaremos que estamos más calmados.

Haz ejercicio cuando puedas. Hacer ejercicio es una de las formas más recomendadas para eliminar el estrés de la impaciencia. Al hacer ejercicio aumentamos la producción de endorfinas en el cerebro, esto nos provoca una sensación de satisfacción y nos ayuda a liberar el estrés que tengamos.

Tolerancia

Según Salvador Manuel (2006: 201) el término tolerancia tiene una excesiva complejidad y su significado puede resultar ambiguo y tener tendencia a la equivocidad. Por ello, nos insta a retraernos al origen etimológico del término, para tener una idea más objetiva sobre el significado del mismo. El autor nos dice que en principio la palabra tolerancia deriva del verbo latino *tolero*, que significa aguantar, soportar, resistir, sobrellevar. Posteriormente, el término fue empleado en el ámbito religioso para definir la actitud ante la coexistencia, por intereses políticos, de diferentes religiones en la Antigüedad. La palabra tolerancia se refiere al modo de soportar o sobrellevar las relaciones personales, permitiendo la diversidad de convicciones, opiniones o gustos con el fin de vivir de forma armoniosa. En la actualidad, para cualquier sociedad, la tolerancia se convierte en una virtud necesaria para convivir amablemente. Las personas tolerantes respetan las opiniones, ideas o actitudes de los demás, aunque no sean coincidentes con sus propias opiniones.

La práctica de la tolerancia es fundamental para lograr la felicidad terrena. La diversidad entre grupos de personas respecto a otras puede traer a colación diferencias muy marcadas que pueden suscitar conflictos. Por esta razón, es fundamental poner en práctica la tolerancia que nos ayuda a relacionarnos respetuosamente, por más diferencias que podamos tener con los diferentes grupos de personas. Si esto no fuera así, no lograríamos mantener la paz mundial, y viviríamos en constantes guerras. En general, el mundo es tolerante y por ello la mayoría no confronta guerras todo el tiempo. Donde no hay tolerancia hay guerra. No obstante, la tolerancia plena no ha sido alcanzada por existir pensamientos ortodoxos que no permiten la libre convivencia entre los diversos grupos de personas. Esto sucede entre naciones, etnias, sectas religiosas y muchos grupos sociales grandes, pero se comienza a aplicar desde el individuo; una persona tolerante es pacífica.

Ahora bien, la tolerancia nos conduce al concilio para vivir en paz. Siempre debemos poner en práctica la actitud tolerante para convivir en armonía con nuestros semejantes. Si nuestra meta es emprender, practicar la tolerancia nos dará la capacidad de tener un pensamiento abierto y flexible, lo que aumentará en gran medida nuestros conocimientos. También nos permitirá crear relaciones de respeto y formar alianzas, con la expectativa de abrir nuestros proyectos hacia diferentes horizontes. No obstante, debemos ser tolerantes en la medida en que se respeten los códigos de valores universales, esto quiere decir que no impondremos, ni nos dejaremos imponer, creencias que no estén en consonancia con el bienestar ético de la población general. La tolerancia te permitirá ser una persona sociable, respetuosa y con perspectivas abiertas para poder impulsar cualquier emprendimiento donde sea que te encuentres. Acá te diremos algunos *tips* para que fomentes la tolerancia y tengas apertura a grandes proyectos.

¿Cómo ser tolerante?

Probablemente, todos en algún momento de nuestras vidas hemos tenido alguna conversación en la que no estamos de acuerdo con nuestro interlocutor y esta pudo terminar conforme o disconforme según la actitud tolerante que pudimos haber adquirido en ese momento. Ahora bien, en todo momento debemos mostrar tolerancia ante cualquier discrepancia que se nos presente. Si razonamos y hablamos elocuentemente, las diferencias se pueden disipar y podemos alcanzar excelentes conversaciones y acuerdos. Ser una persona tolerante siempre es una actitud muy bien vista en toda ocasión, en el trabajo, con la familia y los amigos; esta actitud nos permitirá relacionarnos adecuadamente y de forma respetuosa con los demás. Para ser tolerante y poder expandir tus emprendimientos sigue estos *tips* que te damos a continuación:

Debemos aprender a escuchar, razonar y dialogar. La mayoría de conflictos surgen porque no sabemos escuchar a nuestro interlocutor. Saber escuchar está estrechamente relacionado con aprender a ser tolerantes. Gran parte de ser tolerante viene de nuestra capacidad para interpretar la información que se nos da y de no dejarnos llevar por las pasiones del momento. Analizar el punto de vista de la persona con la que tenemos una diferencia de opinión nos dará un punto de anclaje para iniciar el diálogo, la forma más efectiva para manejar los conflictos y llegar a acuerdos.

Los desacuerdos ocurren porque una de las partes no acepta un concepto diferente o nuevo. Es importante analizar las opiniones con ojos nuevos para debatir correctamente. Lo importante es que siempre prevalezca el respeto, si una de las partes viola el respeto la conversación debe terminar.

Pide explicaciones. Debemos pedir que nos expliquen con detenimiento sobre lo que no conocemos bien, quizá esta sea la razón por la que podemos sentir algún rechazo ante un tema. Debemos comprender la perspectiva de la otra parte y hacerle saber que estamos dispuestos y abiertos a entender su punto de vista, así también le demostraremos empíricamente que se puede alcanzar un diálogo exitoso.

Ponte en los zapatos de esa persona. La empatía es un gran paso para desarrollar la tolerancia. Poder entender la perspectiva de otros es fundamental para ser tolerantes. Todos somos diferentes, muchos no tenemos los mismos orígenes, ni las mismas experiencias que marcan y definen nuestras creencias. Conocer al otro, saber de intereses y situaciones personales nos hará comprender su pensamiento y respetarlo. Muchas personas han pasado por situaciones difíciles ajenas a nuestra realidad y debemos comprenderlas y brindarles apoyo. Esto lo podemos observar frecuentemente con personas exiliadas de sus tierras, bien sea por guerras o dictaduras. Muchas llegan a otras tierras en busca de oportunidades de vida que en sus países de origen les fueron negados y por diferencias étnicas no son admitidos socialmente. Debemos borrar esas fronteras que nos separan, muchas de esas personas tienen calidad humana y preparación en diferentes ámbitos que serían de gran ayuda para crear grandes alianzas de trabajo.

Aceptar tal cual. Una de las maneras más eficientes para ser tolerantes es aceptar a las personas tal cual son. Reconocer conscientemente las diferencias que tenemos respecto a ellas nos hará estar preparados ante cualquier discrepancia que pueda surgir en el futuro. Por ejemplo, existen familias que tienen diferencias políticas, a pesar de estas discrepancias aceptamos a la familia tal como es, nadie haría algún comentario para molestar al otro porque conocemos sus posturas.

Tener una mente abierta y estar predispuesto a cambiar de opinión. Ser más tolerante conlleva también algunos sacrificios, estar dispuesto a cambiar nuestra opinión es uno de ellos. Esto no se refiere solo a aceptar la manera de vivir y pensar de otros, es comprender que otros nos pueden enseñar en qué estamos equivocados y tener que darles la razón. Aunque aceptar que no tenemos la razón es muy difícil, es necesario para abrirnos a los demás y no caer en una obsesión ciega de una sola creencia.

Mantente informado sobre otras personas y culturas diferentes a la tuya. Estar informados de varios temas nos dará una gran ventaja al momento de querer ser más tolerantes. Manejar información diversa de culturas, gustos, modas u opiniones evitará que nos tome por sorpresa cualquier conversación. Conocer ampliamente un tema no permitirá que nos molestemos con facilidad porque tendremos razonamientos previos, para llevar una conversación amena y respetuosa basada en la razón.

No te bases solamente en opiniones ajenas. La mayoría de las convicciones que tenemos no vienen de experiencias directas, unas han sido transmitidas por familiares y otras por la sociedad en la que vivimos. Esas son las opiniones ajenas, no podemos enclaustrar nuestro pensamiento en estas. Lo que en una parte del mundo puede ser visto de buena forma, en otra parte del mundo es lo contrario. Esto lo podemos percibir con la gastronomía de los países, en la concepción del matrimonio, etc.

Sigue estos consejos y verás como desarrollarás una personalidad más tolerante, en poco tiempo las molestias que te causan otras personas sabrás manejarlas con más facilidad y podrás controlar situaciones que antes se podían escapar de tus manos.

Paciencia y tolerancia, dos virtudes necesarias para emprender

Cuando logramos emprender solo nos queda saber cómo permanecer en nuestras metas hasta el final y para ello necesitamos herramientas que nos permitan mantenernos en el camino hacia el éxito, estas son la paciencia y la tolerancia. Por un lado, la paciencia nos brindará beneficios invaluables, nos permitirá analizar las situaciones con objetividad y detenimiento, así nuestro aprendizaje será mayor en el camino a emprender. También nos permitirá sobreponernos fácilmente ante la adversidad, porque sabemos que no podemos interferir en el azar y el devenir, si algo ocurre en el camino a emprender solo debemos mantener la calma y pensar objetivamente y la razón nos develará nuestras dudas. La paciencia nos mantiene en el aquí y ahora, los objetivos planteados serán alcanzados al cien por ciento porque nuestro enfoque está en el momento actual y no otro. Por otra parte, la paciencia va estrechamente ligada con la tolerancia. Es necesaria la tolerancia a las dificultades que se nos presenten, a las personas que traten de desanimarnos y se quejen de nuestro proceso, e inclusive a nuestra propia ineficiencia. En fin, de la mano de la tolerancia podremos sobrellevar los inconvenientes que acontecen. Nuestra capacidad de tolerancia nos hará abiertos, flexibles y nuestros conocimientos se enriquecerán. Debemos ser tolerantes con nuestro entorno, porque siempre estaremos expuestos a críticas y quejas por parte de otras personas, o nuestros mismos socios de trabajos. Debemos aceptar las opiniones que nos hagan cambiar para mejorar y lograr todo con paciencia.

No olvides nuestras recomendaciones, **busca las causas de tu impaciencia** para que puedas mejorar tu actitud ante ella. **Vive el presente**, las ansias por pensar en lo inexistente te apartarán de tus objetivos. Debes **estar preparado para lo inesperado**, no podemos controlar las causas ajenas a nuestro dominio. **No te apresures en tus obligaciones**, recuerda el dicho "del apuro solo queda el cansancio". **Mira el lado positivo de las cosas**, si algo sale mal, búscale la solución pacientemente y no te quedes obsesionado con el inconveniente. **No olvides respirar profundo, mantener la calma y hacer ejercicios.** Pon en práctica la tolerancia y **escucha, razona y dialoga**, mantén una conversación efectiva y adecuada. **Pide más explicaciones** de lo que no conoces y **sé empático** con los demás. **Aprende de las otras culturas** para poder opinar y entender otros puntos de vista. **Acepta a las personas como son** y respeta sus opiniones, también debes acepta cuando has cometido un error y cambiar tu opinión de ser necesario. **Abre tu mente y crea nuevas alianzas**. Sé paciente y tolerante, el éxito va de la mano de estas dos virtudes.

Aprecia estas consideraciones

- Tolera a otros en situaciones difíciles.
- Trata de empatizar.
- Pide explicaciones.
- Ignora las diferencias.
- Usa enunciados en primera persona en lugar de hacerlos en segunda persona.
- Aborda el conflicto.
- Desarrolla una actitud más tolerante.
- Valora las diferencias.
- Acepta la incertidumbre.
- Aprende acerca de otras personas y otras culturas.
- Analiza tus sentimientos intolerantes.
- Fortalece tu autoestima.
- Piensa en una idea difícil.
- Trata a los demás como te gustaría ser tratado".
- Acepta que las personas son diferentes.
- No te juzgues.
- Respira y cuenta hasta 10 mientras escuchas.
- Yo soy yo y tú eres tú.
- Suelta las opiniones ajenas.
- Ser consciente de los propios sesgos.
- Hazla de abogado del diablo.
- Dialoga y centrate en los argumentos.
- Estar dispuesto a cambiar de opinion.
- Acepta a la persona tal cual es.
- Piensa antes de hablar.
- Respeta.
- Sé empático (a).
- No te juzgues.
- Ábrete a lo diferente.
- Suelta las opiniones ajenas.
- Escucha antes de concluir.

Quien se quedo con el negocio

- Intenta entender otro punto de vista.
- Está bien no estar de acuerdo.
- Admite tus sentimiento y emociones.
- Pide ayuda cuando te sientas saturado.
- Evita hacer exageraciones.
- Hay que asumir la responsabilidad.
- Aprende a respirar.
- Disminuye las expectativas.
- Sé coherente.
- Enfócate en las soluciones.
- Aprende a esperar.
- Acepta lo que no puedas cambiar.
- Pon tu impaciencia en perspectiva.
- Sé amable contigo sobre tus defectos.
- Acepta que quizás no siempre podrás cumplir tus expectativas.
- Enumera las cosas por las que estés agradecido todos los días.
- Desarrolla tu seguridad y ten fe en que encontrarás otras soluciones.
- Aprende a ser paciente debes trabajar la aceptación.
- Busca el lado positive.
- Tú solo eres responsable de tu propio comportamiento.
- Pon la salud a la cabeza de tus prioridades.
- Vive más en el presente.
- Hay situaciones en las que no vale la pena perder los nervios.
- Pon más humor en tu vida.
- Comienza por reducir el número de quejas.
- *Paciencia; Son cosas que pasan..."*
- Conserva la calma en situaciones que suelen ponerte nervioso.
- Deja de darle tanta importancia a errores de poca monta.
- Practicando con lo pequeño vas ganando tablas para afrontar asuntos mayores.

Quien se quedo con el negocio

- Controla tu ego.
- Acude a actos.
- Trabaja como voluntaria para alguna organización social.
- Compra en comercios de tu barrio.
- Visita alguna residencia de ancianos.
- Desecha las opiniones ajenas.
- Ábrete a lo distinto.
- No respondas a las agresiones.
- Mantenerse calmado frente a los infortunios.
- Detecta y determina los pensamientos y las sensaciones físicas de la impaciencia.
- Tómate un tiempo para centrarte.
- Respira profundo 5 veces para ralentizar tu frecuencia cardiaca.
- Cambia tu punto de vista en torno a la situación, si es posible.
- Trata de buscar algo bueno o interesante sobre la situación.
- Escribe un diario para observar tus patrones de impaciencia.
- Elabora una estrategia personal para contrarrestar tus desencadenantes.
- Practica meditaciones breves que puedas probar cuando te sientas impaciente.
- Haz ejercicio con frecuencia para aliviar el estrés acumulado.
- Alístate para combatir la impaciencia generada por las largas esperas.
- Compasión frente a la envidia y el odio.
- Gratitud frente a las difamaciones.

CAPITULO VII
Motivación y liderazgo

La vida es un objetivo constante, tratamos de vivir día a día de la mejor forma posible. Superamos las adversidades y nos proponemos objetivos para cada día ser mejores con nosotros y nuestro entorno. Sin embargo, para alcanzar la excelencia en la vida requerimos de una postura animosa que surge de las razones que nos dan aliento y esperanza para continuar positivamente los proyectos que nos hemos trazado, esto es conocido como motivación.

Este último apartado se titula motivación y el liderazgo puesto que no cabe duda de que ambos se superponen en el camino que nos hemos propuesto, nos permiten por decisión y voluntad ser dueños de nuestro destino y poder tomar el control que enrumba nuestras vidas. Una persona motivada puede ejercer el liderazgo, independientemente del cargo que ocupe o el papel que desempeñe en la vida, será un inspirador y un líder con su familia, en la comunidad, en la universidad, en el trabajo, etc. La motivación tiene que ver con el carisma y con una actitud positiva que se adquiere, se contagia y refleja a los demás. Para ser un líder lo primero que debemos tener es una actitud ideal y esto se alcanza si estamos motivados. Si vemos las cosas con entusiasmo y de forma positiva podemos asumir responsabilidades y enfrentarnos a las diversas situaciones de conflicto que se nos presente de forma inteligente.

La motivación hace referencia a nuestro estado de ánimo en el momento de realizar algo, es decir al motivo o a la razón que provoca una acción o una inacción. Ciertamente, no todo el tiempo podemos sentirnos bien, alegres o eufóricos. Algunos momentos sentimos pereza, desánimo y esto es normal. Sin embargo, no podemos dejarnos conducir por la indolencia y la apatía. Muchas veces la falta de motivación tiene un origen más profundo en nuestra psiquis que debe ser revisado por especialistas, terapeutas, psicólogos, psiquiatras. Entendemos que estamos en un mundo volátil y, por así decirlo, agresivo, debemos poner el cien por ciento de nuestra parte para ver la vida con optimismo y superar los obstáculos que puedan presentarse con la mejor actitud. Si necesitamos apoyo emocional, recordemos que hay personas que lo pueden brindar, hay situaciones que escapan de nuestras manos y encuentran soluciones si son analizadas con paciencia y determinación.

No debemos dejarnos llevar por el pesimismo, recordemos que estamos en "el mejor de todos los mundos posibles" como afirmaba Leibniz, en su *ensayo de teodicea sobre la bondad de Dios, la libertad del hombre y el origen del mal*. El mundo es el único lugar que tenemos los hombres por hogar, no hay otros conocidos, y el hecho de vivir es una experiencia atrayente desde diferentes perspectivas. Como humanos poseemos inteligencia que nos distingue de cualquier otro ser vivo y tenemos capacidades que solo nos fueron otorgadas en un espacio y tiempo determinado. Esto quiere decir que ignoramos qué ocurre más allá de la muerte y que este parece ser nuestro límite terrenal. Lo que nos hace inmortales son las buenas obras que dejamos en la tierra para la posteridad y esto depende de la excelencia que alcancemos en el tiempo empleado durante nuestra existencia.

Quien se quedo con el negocio

Vivir día a día es una tarea sin igual y valiosa porque se nos ofrece como la única oportunidad que tenemos, finita, de conocer y sentir lo que se nos ha brindado por voluntad divina. Los humanos nacimos para sentir, independientemente de nuestra situación, y el cuerpo es solo un instrumento en este plano y nuestra alma reside en él. Podemos recordar la anécdota del filósofo y esclavo Epicteto, la tradición cuenta que su amo le torcía la pierna para ver su sufrimiento y su reacción, pero el esclavo solo decía "la vas a partir", sin sobresalto. De tanto torcerle la pierna sonó un crujido y Epitecto solo exclamó ¡te dije que la ibas a partir! Se cuenta que después de lo ocurrido, Epitecto fue liberado por su amo y fundó su escuela filosófica. Su actitud ante el dolor y su aceptación ante el hado le otorgó la libertad entre los hombres y a pesar de su condición de esclavo jamás se sintió como uno. Con esto queremos decir que el mayor motivo que tenemos es la vida misma y lo que determina el éxito de esta depende de la forma en la que asumimos la realidad. Hay dos caminos, ver la vida como una oportunidad única para sentir y hacer o, por el contrario, no ver las posibilidades y destinar nuestro paso terrenal a la desdicha y el fracaso.

Un emprendedor sabe que la vida es una oportunidad única y este es el motivo que lo anima a ser mejor y alcanzar sus proyectos, mientras procura que su entorno también sea mejor. La motivación nos da capacidad de decisión y acción. Una persona motivada inspira y ejerce liderazgo. Un emprendimiento es la iniciativa productiva que crea estímulos para organizar dinámicas sociales y económicas con el fin de convertir recursos y situaciones en algo práctico y benéfico para todos. Un emprendedor está motivado por un deseo de autosatisfacción personal y autoestima, pero también por un deseo de bienestar social. El emprendedor se motiva y motiva a otros para trabajar en un ambiente saludable. Acá te ofrecemos algunos consejos prácticos para cada día sentirnos motivados, así como una guía para ejercer el liderazgo de forma correcta.

¿Cómo estar motivado?

Como todo, la motivación requiere de ciertas actitudes que debemos asumir ante la vida. Muchas veces vemos la derrota como el camino más fácil, pero no es así. Estar desmotivados es difícil y estar motivados también lo es. Solo queda escoger la dificultad que queramos asumir. Si deseas estar motivado y mantenerte de pie para alcanzar tus metas, sigue los siguientes *tips* que te ofrecemos.

Haz una lista de lo que te motiva. Nos planteamos sueños que queremos alcanzar, pero olvidamos cuál es el motivo que nos movió en un principio. Debemos recordar nuestros motivos, para ello hagamos una lista sobre aquellas cosas que nos inspiraron y pongámosla en un sitio visible. Por ejemplo, si nos hemos propuesto a hacer ejercicio es porque vimos que es posible una mejor versión de nosotros y nos impulsó en principio un sentimiento de amor propio. Ahora bien, anotemos todos nuestros motivos, muchas de las razones que nos mueven no son solo personales sino altruistas. Buscar el bien de los demás, de nuestros amigos, familia, conciudadanos, etc. Si tenemos presentes nuestros motivos, no nos rendiremos fácilmente y trabajaremos día a día para alcanzar nuestras metas.

Sé autentico. Dejamos de ser quienes somos realmente para agradar a los demás, esto nos desmotiva porque no pensamos en función de nuestros deseos, sino en función de los deseos de los demás. Debemos hacer las cosas que nos apasionan, independientemente de que sea del agrado o no de las demás personas. Quizá seamos buenos en el arte del dibujo, pero nos han dicho que eso no conduce a nada, que la vida bohemia no tiene sentido y hemos dejado de lado nuestros deseos para complacer a los demás, de estas actitudes solo obtenemos desmotivación. Si somos buenos en dibujo, existen diferentes áreas que podemos emprender, diseños editoriales, ilustraciones para cine, pinturas para galerías, diseños para tatuajes, etc. No dejemos de ser auténticos por complacer a los demás. Nuestros sueños son nuestros motivos.

La finitud de la vida. La vida es finita y esto es una realidad que se debe asumir con normalidad, no debemos pensar en la muerte como un mal sino como un hecho que va a ocurrir inevitablemente y debemos aprender a vivir con ello. El hecho de que la vida sea corta, limitada, efímera, etc., nos hace valorarla en demasía. Solo conocemos esta vida y no hay más, a pesar de las especulaciones y esperanzas que se nos dan de otra vida. Así que nuestro paso en la tierra debe ser aprovechado al máximo. El solo hecho de respirar aire puro es uno de los mayores placeres que podemos tener. La vida parece estar diseñada para nuestro disfrute. Somos hedonistas: podemos contemplar un atardecer, ver la sonrisa de nuestros hijos, poder disfrutar de las aguas de un río, todo esto nos maravilla. No perdamos el tiempo, corto por demás, que tenemos en estar postrados y desanimados. Vamos a vivir y a disfrutar de lo que se nos ha dado, esta es una condición única hasta donde sabemos. A pesar de que existen situaciones que no son agradables nacimos para poder superarlas, pues es nuestra actitud ante ellas lo que determina la felicidad. Por ejemplo, puede que nuestro padre se haya marchado durante nuestra infancia y eso nos haya marcado de alguna forma. Tenemos que tener consciencia de que nosotros no podemos interferir en las decisiones de los demás, si nuestro padre no estuvo en nuestra infancia no podemos reprocharnos por algo que no fue culpa nuestra. Steve Jobs fue adoptado y esto no interfirió en su genio ni en su bondad con los demás. No nos dejemos desanimar por las cosas malas que nos suceden, tratemos de superar las dificultades y los malos recuerdos y vivamos motivados.

Haz tres cosas. Hagamos semanalmente tres cosas positivas por nosotros, por nuestros sueños y por nuestra familia. Por nosotros podemos hacer ejercicios, meditar, comer saludable, cantar, bailar, cuidarnos la piel, etc. Por nuestros sueños, aprender más sobre el tema que queremos desarrollar, conocer personas que estén en el área que queremos emprender, ahorrar, elaborar proyectos, etc. Por nuestra familia, colaborar en el hogar, hacer actividades que involucren a nuestros seres queridos, tomar tiempo para conversar con ellos, ir de paseo, escuchar, hablar, etc. Si hacemos siempre cosas positivas, nuestra calidad de vida y la de los demás aumentará nuestro ánimo y estaremos más cerca de cumplir nuestros objetivos.

Evita las quejas y la envidia. No podemos quejarnos todo el tiempo de lo que ocurre, antes bien debemos buscar la solución y el primer paso para ello es ver las cosas de forma positiva. Las quejas crean un ambiente de pesadez y desánimo que no ayudan en nada. Muchas personas se quejan sin necesidad, no están conformes con su situación, pero tampoco quieren cambiarla, así tengan las herramientas para hacerlo. Evitemos las quejas, son negativas y solo desmotivan y conducen al fracaso. Tampoco debemos envidiar, somos capaces de tener lo que queremos sin necesidad de anhelar lo ajeno. Debemos admirar a las personas que obtienen recompensas por sus logros y usarlos como motivadores y ejemplos para alcanzar nuestros sueños. La alegría se contagia.

Ocúpate de ti. Es necesario que seamos personas integrales y que tengamos una relación saludable con nosotros mismos. Debe haber una conexión entre nuestra mente, nuestro cuerpo y nuestro espíritu. Esto se obtiene a través de un despertar y una coherencia con nosotros que nos trae paz. Nuestro cuerpo es reflejo de nuestros pensamientos y es la residencia de nuestra alma. Tengamos un cuerpo saludable, hagamos ejercicios, comamos sano. Nos sentiremos fuertes y saludables. Practiquemos la meditación, respiremos profundo, dejemos en blanco nuestra mente y busquemos tranquilidad. Cuidemos nuestra mente de pensamientos innecesarios, ocupemos la mente en situaciones productivas, podemos ver películas, leer, aprender. Vivamos bien, alejémonos de todos los aspectos que son negativos y ocupémonos de nuestro bienestar. Si somos sanos mental, espiritual y físicamente inspiraremos bienestar a los demás y nada nos afectará de forma negativa.

Comparte con personas optimistas. Rodeémonos de gente activa y positiva. Nuestros compañeros, socios, clientes, personal, etc. deben ser personas con actitudes sanas. Enfocados en el trabajo, excelentes compañeros, enfocados en la búsqueda de soluciones y con una pasión irrefrenable por la vida. No podemos tener al lado personas que no nos animen porque, así como una fruta dañada perjudica a las sanas, del mismo modo ocurre con las relaciones personales. La actitud se contagia. Busquemos cómplices de nuestros sueños, amigos, familia, pareja, etc., que compartan nuestro entusiasmo.

Mantén una sana competencia. La competencia, como el deporte, nos anima a seguir y alcanzar nuestros objetivos. Competimos de forma lúdica y no de forma egoísta. Queremos que nuestros éxitos y el de los demás sean compartidos y que todos, desde sus lugares, logren sus metas. La competencia divierte y nos hace dar el máximo de nosotros para alcanzar nuestros objetivos, pero todo desde un punto de vista profesional y ético, por méritos y no por engaños. Compitamos para la diversión y no para el enfado.

Haz ejercicios. Ejercitarnos hace que el cuerpo libere unas sustancias químicas llamadas endorfinas que interaccionan con los receptores del dolor en nuestro cerebro y nos ayuda a reducir la tristeza, la apatía, el desánimo. Si nos esforzamos por ejercitarnos, notaremos una mejor actitud ante la vida porque la química de nuestro cerebro se altera de forma positiva, a la vez que nos sentiremos bien físicamente y nuestra autoestima se elevará y podremos irradiar esto para motivar a los demás.

¿Cómo mantener la motivación del emprendimiento?

Generalmente, cuando decidimos emprender puede que surjan ciertas situaciones que nos provoquen frustración, miedos y dudas. Ante estos escenarios y pensamientos, nuestra motivación puede disminuir y podemos llegar a pensar que nuestro emprendimiento realmente no vale la pena. Sin embargo, son reacciones que surgen por distintos motivos anímicos y existen herramientas adecuadas para continuar pese a los sentimientos de inseguridad que puedan suscitarse en el camino para alcanzar nuestras metas. Acá te daremos algunos *tips* para que te mantengas motivado en tu emprendimiento.

Divide tu proyecto. Si tenemos un proyecto grande, lo ideal es que lo segmentemos. Es decir, alcancemos por partes el proyecto y propongamos metas menores para no abrumarnos, así cada vez que logremos alguna, sentiremos que estamos más cerca de nuestro producto final. Por ejemplo, si nos hemos propuesto hacer una novela, podemos dividirlas en capítulos y así consolidar uno a uno hasta obtener nuestro trabajo final. Cada vez que tengamos un capítulo concluido sabremos que estamos más cerca de nuestra meta. De igual forma, si queremos lanzar al mercado una tienda, empecemos por ofrecer los productos en diferentes plataformas, hasta consolidar la empresa. Si resolvemos las cosas por partes, evitaremos hartarnos de nuestros propósitos.

No dejes pendientes. Es fundamental concluir todo lo que nos hemos propuesto. Si dejamos las cosas a medias, nuestro cerebro no logra concentrarse al cien por estar pensando en lo pendiente.

Concluyamos cosas, esto nos librará de un peso y nos dará tranquilidad en el desenvolvimiento de nuestros proyectos. Debemos tener una agenda, programar, terminar asuntos pendientes y enfocarnos al cien en nuestro proyecto. Si nos llenamos de tareas inconclusas no haremos ninguna, porque vamos a querer resolverlas todas, nos angustiaremos y no terminaremos ninguna. Paso a paso, terminemos los asuntos pendientes y enfoquémonos en salir adelante con nuestro propósito. Cuando veamos que estamos ligeros de carga nos sentiremos con más ánimos para emprender las tareas propuestas.

Evalúa tu progreso. Debemos hacer evaluación de nuestros progresos semanalmente, es probable que en algunas semanas rindamos más que otras, pero debemos tratar de llevar un ritmo similar. Plantearnos los objetivos semanalmente, nos hará sentir que alzamos nuestra meta en el menor tiempo posible, de forma más efectiva.

Toma descansos. No nos abrumemos por cumplir nuestros objetivos de prisa, llevemos todo paso a paso. No descuidemos nuestros propósitos, pero tomemos descanso adecuados. Esto evitará que nos agotemos por exceso y nos desanimemos en la construcción de nuestros proyectos. Si nos sentimos agotados tomemos un momento libre, descansemos. Luego del descanso estaremos mucho más animados para continuar. Siempre dediquemos unas horas al descanso.

Motívate. Si sentimos que no podemos más, tomemos un descanso y busquemos anécdotas motivacionales. Veremos que todos los emprendedores han pasado por las mismas circunstancias de desánimo que nosotros. Sin embargo, han logrado salir adelante pese a las situaciones adversas que se presenten. Mantén tu motivación y sigue el ejemplo de los grandes. Si ellos pudieron, qué te lo impide a ti.

¿Cómo ser un líder?

Ya decíamos que el liderazgo va de la mano de una actitud motivante e inspiradora. Un líder es aquella persona que tiene la capacidad de influir positivamente en otros con el fin de alcanzar un objetivo común. Muchas personas tienen excelentes ideas, pero no son capaces de transmitirlas. Todo emprendedor debe tener esta cualidad para poder transmitir sus conocimientos y deseos, con el fin de conducir sus objetivos a buen término. Acá te daremos unos *tips* para que lideres tu vida y tu emprendimiento y contagies a todos con tu buen ánimo.

Sé un ejemplo. La mejor manera de enseñar es a través del ejemplo. Si queremos influir de forma positiva en nuestros amigos, socios, clientes, personal, etc. debemos tener conductas ejemplares que produzcan admiración y respeto. Debemos ser responsables y manejarnos con educación, los buenos modales siempre serán loables. Una persona, educada, responsable, honesta siempre será admirada y recibirá el respeto y aprecio de los demás.

Comunicación efectiva. Debemos ser claros y determinantes desde un principio. Si iniciamos un negocio debemos decir qué expectativas tenemos sobre el mismo y sobre el equipo de trabajo. También es necesario que estemos abiertos a escuchar lo que los demás quieran decir. Es decir, debemos hablar con franqueza para obtener resultados positivos a posteriori. Por ejemplo, si empezamos un negocio y nuestro personal se ve vacilante, debemos conversar y expresar de forma respetuosa, pero con carácter, lo que no está bien para que todo marche según lo planeado y seamos respetados por nuestra determinación.

Sé humilde. La humildad es necesaria para poder ser un líder. Es una cualidad que nos permite relacionarnos sin distingo. Es decir, estaremos abiertos a aceptar opiniones y críticas de los demás de forma positiva. La humildad nos permite saber cuándo hemos cometido un error y nos da la capacidad para poder enmendarlos.

Busca un mentor. Necesitamos contar con alguien que tenga la experiencia y el conocimiento en materia de emprendimiento. Esta persona nos ayudará a mantener los pies sobre la tierra, nos podrá guiar en el camino a emprender y aconsejar sobre las decisiones que tomemos respecto a nuestro negocio. Un mentor tiene la experiencia necesaria para ayudarnos a solucionar conflictos y a potenciar nuestras ideas.

Aprende del pasado. La historia nos enseña sobre los errores que condujeron a los acontecimientos buenos o malos de la vida. Lo mismo ocurre con las empresas, debemos conocer la dinámica y el funcionamiento que determinó el éxito o el fracaso de determinadas empresas. Si tomamos las experiencias previas, podemos evitar el riesgo del fracaso y conducir nuestro emprendimiento por la senda correcta.

No dejes de mejorar. Los emprendedores que lideran procuran siempre estar en tendencia y se enfocan en aprender cosas nuevas cada día, con el fin de mejorar sus capacidades físicas e intelectuales. Un líder siempre buscará la excelencia en todos los ámbitos de su vida, cuidará su salud y su cuerpo, su mente y su espíritu, para procurar el éxito de sus proyectos.

Conoce tus fortalezas y debilidades. Hay situaciones que se nos hacen más fácil de sobrellevar que otras, tratemos de identificar cuáles son nuestras fortalezas y debilidades para trabajar en ellas. Si tenemos debilidades que perjudican nuestros sueños, debemos esforzarnos al cien por ciento para superarlas. Por ejemplo, si nos cuesta hablar en inglés y esta es una lengua auxiliar para los negocios, debemos enfocarnos en aprender, por mucho que nos cueste hacerlo, pues esto traerá ventajas y beneficios para nuestro emprendimiento ya que ampliará el horizonte de trabajo.

Ten inteligencia emocional. El trabajo es una cuestión sagrada y no podemos mezclarla con nuestras emociones. Sabemos que cuando estamos presos de una emoción podemos actuar de forma errática. Si estamos emprendiendo debemos aprender a manejar nuestras emociones y no dejarnos llevar por la pasión del momento. Pensar con calma nos hace tomar las decisiones correctas, porque serán planteadas desde la razón y no la pasión. Puede que en algún momento tengamos ira y queramos acabar con nuestros proyectos, esta no es la forma adecuada de reaccionar. Cuando sintamos una emoción fuerte alejémonos y luego con calma analicemos las situaciones. Como líderes no podemos dejarnos arrastras por las pasiones, no está bien visto que una persona que lidere sea errática.

Tener estilo y simpatía. No cabe duda de que un líder posee características físicas e intelectuales propias: son simpáticos, carismáticos, divertidos, amables, inteligentes, pero sobre todo positivos. Un líder debe tener todas estas características para poder lograr la unión e influir en los demás para alcanzar los objetivos.

Motivación, liderazgo y emprendimiento

Una de las motivaciones principales de un emprendedor es la libertad económica. Sin embargo, existen otras razones que llevan al emprendedor a alcanzar sus sueños como la emoción competitiva, la búsqueda de aventura, el goce de creación, el bienestar del trabajo en equipo y el anhelo de realización personal y reconocimiento. Estas son consideradas motivaciones intrínsecas. Sin embargo, existen otros motivos que son extrínsecos como el hecho de aportar algo nuevo a la sociedad, las ganas de cambiar el mundo con vista a mejorarlo. Todos estos motivos, intrínsecos y extrínsecos, son claves en el proceso de emprendimiento y son los que determinan la misión de un emprendedor. Si estás emprendiendo enfócate en estos motivos. De igual modo, no olvides los *tips* que te hemos sugerido para mantenerte motivado, puesto que es probable que una que otra vez existan situaciones difíciles que debas afrontar. Recuerda **anotar tus motivos** en una lista y ponerlos en un lugar visible, así tendrás presente las razones que te animaron a comenzar. No olvides **ser auténtico**, definir tu personalidad te mantendrá motivado. Ten presente que **la vida es corta** y solo conocemos una oportunidad para lograr nuestros anhelos. Trata de **hacer siempre tres cosas positivas**, para ti, tu familia y tu sueño. **No te quejes**, ten siempre un pensamiento positivo y alégrate por el logro de los demás, la actitud positiva es contagiosa. **Ocúpate de ti**, mantén un equilibrio cuerpo-mente-espíritu. **Rodéate de personas optimistas, practica la sana competencia y haz ejercicios** para mantenerte animado. No olvides que si quieres mantener la motivación en tu emprendimiento **no debes dejarte abrumar** por las responsabilidades. **Realiza pequeñas tareas** para poder cumplir tus sueños a cabalidad. **Culmina labores** que hayas dejado inconclusas y **evalúa tu progreso semanalmente, toma descansos e inspírate leyendo anécdotas de emprendedores motivacionales.** Recuerda que la motivación te conducirá al liderazgo. Ahora bien, no olvides que para ser líder debes **ser un modelo ejemplar** de virtudes. **Mantén siempre conversaciones efectivas** con tu equipo de trabajo y **sé humilde** al momento de recibir sugerencias para que puedas enmendar errores. **Consigue un mentor** que te guíe para tomar las decisiones correctas. **Aprende de la experiencia laboral de otros**, esto evitará que cometas faltas que otros ya cometieron. **Sé mejor cada día**, actualízate y aprende siempre cosas nuevas. **Ten inteligencia emocional** y reacciona de forma prudente y correcta ante las situaciones adversas. Mantén siempre un buen ánimo y lidera tus sueños.

7 *Tips* para Ser El Mejor Emprendedor

Hemos llegado a las líneas finales de este libro. Fueron siete los consejos que te dimos para ser el mejor emprendedor. Antes queremos hacer énfasis en ellos, sabemos que todo emprendedor, antes de ser tal, debe **ser un soñador y un apasionado**, de su imaginario y de sus pensamientos surgen las ideas a las que luego decide dar forma. Asimismo, su pasión por la vida y por sus deseos lo conduce al éxito, buscará la forma de saber siempre más para poder alcanzar sus objetivos. Sin embargo, el triunfo de las metas solo se sostiene con el deseo, por eso requerimos **ser disciplinados y perseverantes.** Si nos conducimos con constancia y fidelidad podremos llevar adelante nuestros propósitos y cualquier proyecto que nos planteemos. La constancia y la dedicación siempre darán buenos frutos. Ahora bien, alcanzar el éxito requiere del apoyo invaluable de nuestros seres queridos y de las personas que de alguna manera forman parte de nuestro día a día: clientes, socios, personal, etc.

Todo emprendedor debe darse a la tarea de **crear lazos de amistades** que impulsen y acompañen sus sueños. Asimismo, **Fomentar la creatividad** es una característica propia de los emprendedores, pues ellos están en la búsqueda constantes de nuevas ideas y proyectos en beneficio de todos. Un emprendedor crea con fines útiles y procura el bienestar de sus semejantes. Todo lo que se opone a emprendimiento es conformismo, si no se ambiciona nada, por ende, no se puede iniciar nada. **La ambición,** por ser mejor y por crear propuestas que mejoren al mundo, impulsa al emprendedor día a día a alcanzar su meta. Sin embargo, el camino hacia el éxito no es nada fácil y requiere de virtudes que permitan superar los obstáculos que puedan presentarse con calma y entereza. **Ser tolerante y perseverante** será lo que determine el éxito de su emprendimiento. Un emprendedor siempre está animado a seguir sus sueños, para él la vida es la única oportunidad que tiene para cumplir sus metas. **La motivación y el liderazgo** son sus características finales. Un emprendedor es un líder porque inspira a los demás a hacer las cosas de la mejor forma posible, es un modelo a seguir por sus características morales, su simpatía y su humildad. En resumen, son siete los *tips*: **ser soñador y apasionado, ser disciplinado y perseverante, hacer amigos, ser creativo, ser ambicioso, ser perseverante y tolerante y, por supuesto, ser motivador y líder.** Aquí te mostramos las claves para el camino hacia el éxito, requieres de poder de voluntad y seguir la guía que te brindamos, esto te hará ser el mejor emprendedor. No olvides que la única forma de alcanzar la libertad económica y espiritual es fomentando la creatividad.

- **Considera estas apreciaciones**
- Guía con el ejemplo.
- Un poco de humildad te llevará lejos.
- Comunícate efectivamente.
- Haz que tus juntas sean productivas.
- Conoce tus límites.
- Busca un mentor.
- Sé emocionalmente consciente.
- Aprende del pasado.
- Nunca dejes de mejorar.
- Haz lo que tienes que hacer.
- Deja de caerle bien a todo el mundo.
- Se consciente de tu finitud.
- Adopta la costumbre de hacer 3 cosas cada día; que te guste, que sea importante y que sea por tus seres queridos.
- No te quejes, no critiques, no envidies.
- Cuídate en el aspecto físico, emocional, intelectual y espiritual.
- Mantén el ánimo en alto.
- Recuérdate tus metas.
- Realiza verificaciones semanales para evaluar tu progreso.
- Asegúrate de recompensarte cada vez que alcances tus metas semanales.
- Tómate descansos.
- No seas muy duro contigo mismo.
- Observa y lee historias o discursos motivacionales.
- Evita postergar las cosas.
- Elimina las distracciones.
- Bebe algo de cafeína.
- Divide tu tarea en partes más manejables.
- Sorpréndete a ti mismo.
- Mantente positivo.
- Haz que las cosas sean divertidas.

Quien se quedo con el negocio

- Alimenta tu alma.
- No pierdas de vista la meta.
- Pide ayuda.
- Inspírate.
- Ten un hobby.
- Da algo de regreso.
- Mantén la Autenticidad.
- Preguntate "¿Qué es lo que Quiero?"
- Reconoce tu Trabajo.
- Cuida tu Energía.
- ¡Apasiónate!
- Nunca dejes de aprender.
- ¡Escúchate!
- Dedica 2 minutos al día a revisar tus motivos.
- Júntate con personas que ya lo estén logrando.
- Visualiza de forma creativa.
- Escribe tus objetivos.
- Ten presente tus objetivos.
- Organizate.
- Coloca objetos o fotos que te recuerden tus objetivos.
- Crea una lista de frases positivas o afirmaciones.
- Las dificultades o contratiempos transfórmalos en oportunidades.
- Felicítate por cada logro así sea pequeño y celébralo.
- No olvides nunca pensar en positivo.
- Elabora un diario personal que refleje tus progresos.
- Imagínate logrando tus propósitos, cada día.
- Un día puedes fallar... pero no dos.
- La sana competencia entre amigos es una gran fuente de motivación.
- Prepara tu mente para los momentos de bajón.
- Haz una lista con tus razones para seguir motivado.
- Dale importancia a un buen consejero.
- Descubre tus verdaderas pasiones.

Quien se quedo con el negocio

- Inspírate con las pequeñas cosas del día a día.
- Divide el trabajo en tareas lo más pequeñas y concretas.
- Si dispones de poca energía o pocas ganas, concéntrate en tareas sencillas y rápidas.
- Si te encuentras agobiado por el gran número de tareas a realizar, simplemente elige algo y empieza.
- Tómate tu tiempo.
- Regálate premios a menudo.
- Si tus opciones no son demasiado atractivas, observa la situación.
- Lleva un registro de lo que haces.
- Visualiza el objetivo cumplido.
- Para grandes objetivos, busca apoyo en comunidades on-line.
- Busca un cómplice.
- Ante un gran reto, hazlo público.
- Hazlo divertido.
- Come bien y mantente hidratado.
- Tómate un descanso mayor, unos días libres, y desconecta de todo.
- Comunícate de la manera más clara y eficiente posible.
- Sé un ejemplo.
- Conoce tus fortalezas y debilidades.
- Mantén contacto con tus emociones.
- Escoge sabiamente tu equipo de trabajo.
- Apasiónate.
- Acepta la incertidumbre.
- Asume los errores con altura.
- Identifica mentores y modelos a seguir.
- Para ser buen jefe, primero sé buena persona.
- La importancia de tus decisiones como líder.
- Ten una mentalidad de crecimiento.
- Cuida el ambiente laboral de tu equipo de trabajo.
- Comparte con las personas que trabajas.
- Sé un líder cercano.

Quien se quedo con el negocio

- Disfruta tu día a día como líder.
- Cuando quieras renunciar, busca una alternative.
- Haz tiempo para lo que es importante.
- Aprende de la historia reciente.
- Un poco de humildad te llevará lejos.
- Comunícate efectivamente.
- Haz que tus juntas sean productivas.
- Conoce tus límites.
- Encuentra un mentor.
- Sé emocionalmente consciente.
- Aprende del pasado.
- Nunca dejes de mejorar.
- Un buen líder escucha activamente.
- Un buen lider corta de raíz los problemas.
- Un buen líder delega en su equipo.
- Un buen líder no predica.
- Un buen líder busca mejorar sus habilidades.
- Un buen líder contagia.
- Un buen líder tiene Flow.
- Empieza desde abajo.
- Trabajo en equipo.
- Capacitate.
- Da el ejemplo.
- Profundo sentido de justicia.
- El líder exitoso debe planear su trabajo y trabajar su plan.
- Un buen líder debe armar planes y seguirlos.
- Trabajar más que los demás.
- Personalidad agradable.
- Simpatía y comprensión.
- Maestría en el detalle.
- Voluntad y deseo de asumir plena responsabilidad.
- Coopera.
- Comunica.
- Autocontrol emocional.

Quien se quedo con el negocio

- Trabaja más que los demás.
- Planifica y organiza.
- Se carismático, agradable y educado.
- Se empático.
- Justo.
- Se optimista.
- Empieza desde abajo.
- Observa a quién te rodea.
- Comparte tiempo con tus compañeros.
- Esfuérzate por ser mejor cada día.
- No finjas ser quién no eres.
- Ten paciencia.
- Se humildad.
- No dejes de aprender.
- Inspírate.
- Piensa en los demás.
- Aleja lo negativo.
- Incorpora gente positiva.
- Apela a los valores.
- Celebra los pequeños logros.
- Premia a tu equipo.
- Confía y delega.
- Implica a tu equipo.
- Sé transparente.
- Informa de los problemas.
- Felicita y no busques culpables.
- Desarrolla el potencial de tu equipo.
- Exige.
- Pregunta.
- Localiza a los "motivadores".
- No tengas miedo.
- Acaba lo que empiezas.
- Haz equipo.
- ¡No te rindas! Ser un buen jefe, y el liderazgo, es algo que se aprende en el día a día, un proceso que nunca

termina y que trae enseñanzas y lecciones a medida que vas avanzando en tus proyectos.
- Es gracias a las experiencias, dificultades, esfuerzos y ganancias lo que te permitirán aprender cómo ser un buen líder.
- Habrá errores, dificultades y momentos en los que no sabrás qué hacer este tipo de situaciones son las que te harán crecer como persona, y profesional.

BIBLIOGRAFÍA

Altucher J. (Productor). (2020. Episode #365) *Steve Cohen & i talk about creativity, culture and the beatles.* (Audio en Podcast). Recuperado de http://podcasts.apple.com/us/podcast/the-james-altucher-show/id794030859

Alviz M., Guerrero G., y Posada L. (2017) *Emprendimiento y creatividad: Aspectos esenciales para crear empresa.* Bogota: Ecoe Ediciones.

Aristóteles. (Trad: Palli Bonet, J., 2010). *Ética a nicómaco.* Madrid: Editorial Gredos.

Bravo N. (1995: 45). *VALORES HUMANOS: por la senda de una ética cotidiana.* Santiago de Chile: Ril editores.

Leibniz G. W, Edición: Ramerales E. *Ensayos de teodicea: Sobre la bondad de Dios, la libertad del hombre y el origen del mal.* Madrid: Abada Editores.

Litvinoff N, (09 de septiembre de 2014). *Historia de éxitos y fracasos, codicia y ambición.* Recuperado de http://www.lanación.com.ar/opinión/historias-de-exitos-y-fracasos-codicia-y-ambicion-nid1725681

Lord A. (1941). *La dicha de vivir.* Buenos Aires: Editor Joaquin Gil.

Obradors M. (2007). *Creatividad y generación de ideas: estudio de la práctica creativa en cine y publicidad.* Valencia: Universitat de Valéncia.

Piaget J. (1961). *La Formación del símbolo en el niño: imitación, juego y sueño, imagen y representación.* México DF: Fondo de cultura económica.

Platón. Trad: Lledó Emilio. (1981). *Lisis o de la amistad.* Madrid: Editorial Gredos.

Salvador M. (2006: 201). *Filosofía y cultura de la tolerancia.* Castellón de la Plana. Univesitat Jaime

Sinek S. (2018). *Encuentra tu porqué: Una guía práctica para encontrar un propósito en el trabajo.* Madrid: Empresa activa.

Vindas A. (1999). *Desarrollo de la Creatividad.* Montes de Oca: Editorial Universidad Estatal a distancia

ACERCA DEL AUTOR

Isabelino Pérez Jiménez, nació en Villahermosa, Tabasco, México, hijo de la Señora Isabel Jiménez De la Cruz+ y del Señor Manuel Pérez López+, estudio en la División Académica de Ciencias Agropecuarias de la Universidad Juarez Autonoma de Tabasco, la carrera de Medicina Veterinaria y Zootecnia, hizo un diplomado en Formulación y Evaluación de Proyectos, estudio una Maestría en Administración de Negocios con especialidad en Calidad y Productividad, tiene más de 25 años como Docente en el Tecnológico Nacional de México campus Zona Olmeca, actualmente le gusta la actividad empresarial y colabora como Director de Operadora de Restaurantes El Carruaje S.A de C.V, le gusta la política y es amante de los animales.

"La única forma de hacer dinero es poner a trabajar la creatividad"

Isabelino Pérez Jiménez

www.ingramcontent.com/pod-product-compliance
Lightning Source LLC
Chambersburg PA
CBHW020435220526
45464CB00002B/709